Der Weg zum Doktortitel

W0105103

campus concret
Band 64

Dr. Helga Knigge-Illner arbeitet als Psychologische Beraterin an der Freien Universität Berlin und betreut seit vielen Jahren Doktoranden in Einzel- und Gruppenberatungen. Sie ist Autorin verschiedener Ratgeber rund ums Studieren.

Helga Knigge-Illner

Der Weg zum Doktortitel

Strategien für die erfolgreiche Promotion

Campus Verlag
Frankfurt/New York

Die Deutsche Bibliothek – CIP-Einheitsaufnahme

Ein Titeldatensatz für diese Publikation ist bei
Der Deutschen Bibliothek erhältlich
ISBN 3-593-36811-0

Copyright © 2002 Campus Verlag GmbH, Frankfurt/Main
Umschlaggestaltung: Guido Klütsch
Umschlagmotiv: © Image Bank
Satz: Fotosatz L. Huhn, Maintal-Bischofsheim
Druck und Bindung: Media-Print, Paderborn
Gedruckt auf säurefreiem und chlorfrei gebleichtem Papier.
Printed in Germany

Besuchen Sie uns im Internet: www.campus.de

Inhalt

Vorwort

Als ich selbst an meiner Dissertation saß, habe ich das Leiden des Doktoranden am eigenen Leibe erfahren. Ich habe mir damals geschworen, darüber zu schreiben, denn ich wollte der Öffentlichkeit bewusst machen, unter welchem Stress man in dieser Phase steht und wie sehr man sich abquält. Manchmal schmiedete ich Weltverbesserungspläne darüber, dass das Promotionsverfahren eigentlich grundlegend umstrukturiert und neu gestaltet werden müsste. Manchmal war es mir selbst unbegreiflich, was da mit mir geschah. So etwa dieses:

- Ich blieb immer wieder an denselben Gedanken hängen.
- Ich litt unter Schreibblockaden.
- Ich tat mich ungeheuer schwer damit, die Arbeit einfach fertig zu schreiben, obwohl ich vorher schon Aufsätze und ein ganzes Buch verfasst hatte.
- Ich zweifelte an meiner eigenen Intelligenz.
- Am Vorabend einer Verabredung mit meinem Doktorvater befiel mich eine heftige allergische Reaktion, bei der mein ganzer Kopf furchtbar anschwoll, sodass ich den Termin absagen musste.
- Voller Wut zog ich mich in mich selbst zurück und legte meine Dissertation für ein ganzes Jahr in die Ecke, nachdem ich die vom Doktorvater gründlich korrigierte Rohfassung gelesen hatte.

Aber als ich die Promotion abgeschlossen hatte, fühlte ich mich wie von einer Last befreit und empfand große Lust, etwas Neues zu beginnen. Später habe ich gelegentlich von den schlimmen Erfahrungen meiner Doktorandenzeit erzählt. Im Gespräch mit

Freunden und Kollegen erfuhr ich, dass diese Ähnliches erlebt hatten. Manche hatten harte Auseinandersetzungen mit ihrem Prof ausgefochten und sich schließlich im Unfrieden von ihm getrennt. Der Gedanke, ein Buch darüber zu schreiben, kam erneut auf. Aber es wurde lange Zeit nichts daraus. Ich schrieb zunächst völlig andere Bücher. Ich hatte mein Vorhaben zwar nicht vergessen, konnte mich aber nicht überwinden, die Sache in Angriff zu nehmen.

Meine Pläne haben sich – indirekt – auch in meiner beruflichen Laufbahn niedergeschlagen. Als ich später an einer Hochschule in der psychologischen Beratung tätig war, lagen die Doktoranden mir besonders am Herzen. Seit vielen Jahren biete ich Workshops und Coaching-Gruppen für sie an. Die Arbeit mit ihnen macht mir besonders viel Spaß, und es ist mir ein Anliegen, ihnen gute Strategien an die Hand zu geben, mit deren Hilfe sie ihre Probleme beim Arbeiten und Schreiben überwinden können. Ich möchte ihnen dabei helfen, destruktive Selbstzweifel abzulegen, sich für die Verteidigung ihrer »Diss« gegenüber dem Doktorvater stark zu machen und für die Präsentation beim Disputationsverfahren zu trainieren. Diese Strategien möchte ich auch an die Leserinnen und Leser meines Buches weitergeben.

Es bietet Ihnen mehr als eine bloße Zusammenstellung von Empfehlungen und Techniken. Ich möchte Ihnen auch die Probleme vor Augen führen, mit denen Doktoranden immer wieder zu kämpfen haben und die sie oft in extreme Verunsicherung stürzen oder sogar an den Rand der Verzweiflung treiben. Vielleicht werden so Verhaltensweisen, die Außenstehenden manchmal irrational, ja geradezu neurotisch erscheinen, verständlicher.

Da ich jedoch keinen Roman schreibe, kann ich nur versuchen, meine Analyse durch Fallbeispiele und Aussagen von Doktoranden, die ich befragt habe, lebendig und nachvollziehbar zu machen.

Im Fokus des ersten Kapitels steht die Arbeits- und Lebenssituation von Doktoranden. Es werden Belastungsfaktoren und Defizite aufgezeigt, die die Arbeit an der Dissertation erschweren und das Selbstwertgefühl ins Wanken bringen:

- die Arbeitssituation des einsamen Einzelkämpfers am Schreibtisch,

- der Mangel an Kommunikation und Betreuung,
- die Promotion als Lebensphase und Prozess psychosozialer Entwicklung,
- Schwierigkeiten mit dem Identitäts- und Selbstwertgefühl in dieser Phase,
- das problematische Verhältnis zum Doktorvater.

Wenn Sie gerade eine Promotion planen, wird diese Betrachtung Ihnen helfen, im Voraus einzuschätzen, was da auf Sie zukommt: Dann können Sie sich entsprechend wappnen. Wenn Sie bei der Lektüre zu dem Schluss kommen, dass Sie sich lieber nicht darauf einlassen wollen, dann ist es womöglich auch besser so. Falls Sie gerade »mittendrin« stecken, hilft das Buch Ihnen vielleicht zu verstehen, warum Sie mit Ihrer Diss solche Schwierigkeiten erleben. Es kann sicher auch tröstlich sein zu erfahren, dass ein Großteil Ihrer Probleme ganz normal ist und andere Doktoranden Ähnliches durchmachen!

Die weiteren Kapitel sollen Ihnen vermitteln, wie Sie die gefährlichsten Klippen umschiffen und Ihre eigenen Kräfte optimal nutzen können. Sie werden dazu Strategien kennen lernen, die bereits vielen Doktoranden geholfen haben, ihr Projekt erfolgreich abzuschließen.

Das zweite Kapitel wird Ihnen zeigen, wie Sie bewusst und ökonomisch mit Ihrer Zeit umgehen können. Sie lernen darin die Prinzipien realistischer Arbeitsplanung kennen und bekommen Anregungen, wie Sie aus Ihrem Vorhaben ein realisierbares Projekt machen und es gut »managen«. Sie werden außerdem viele Tipps darin finden, wie Sie Ihren Arbeitsalltag gestalten und sich selbst die Arbeitsfreude erhalten können.

Das dritte Kapitel ist den allerersten Phasen des Projekts Doktorarbeit gewidmet. Es enthält Empfehlungen für die Themensuche, die Eingrenzung des Themas und die Anfertigung eines Exposés.

Das vierte Kapitel macht den anspruchsvollen Vorgang des Schreibens verständlich. Es soll Ihnen dabei helfen, Schreibprobleme zu überwinden oder von vornherein zu vermeiden. Es präsentiert viele Techniken und Übungen zum kreativen wissenschaftlichen Schreiben, die die Arbeit am Schreibtisch spannend machen und Ihre Lust am Schreiben wecken beziehungsweise erneuern können. Ziel ist, dass Sie lernen, das Schreiben als ständig begleitende Arbeitsmethode zu nutzen. Außerdem wird auf das Schreiben in den verschiedenen Arbeitsphasen eingegangen.

Das abschließende Kapitel behandelt zunächst die Ängste von Doktoranden, anderen ihre eigenen Arbeitsergebnisse zu präsentieren – eine Situation, die viele als bedrohlich empfinden und daher vermeiden. Dieser Teil des Buches soll Sie ermutigen, die Präsentation Ihrer Arbeitsergebnisse zu wagen und sich gut dafür zu präparieren. Sie werden darin Übungen finden, die Sie dazu herausfordern, Ihre eigene Position zu beziehen, zu festigen und gegenüber anderen argumentativ zu verteidigen. Weiterführende Empfehlungen zeigen, wie Sie sich für die Disputation rüsten können und worauf Sie bei der Gestaltung Ihres Vortrags achten sollten.

Abschließend möchte ich zur Sprachregelung der Geschlechterbezeichnungen Folgendes anmerken: Ich verwende die knappe, allgemeine Bezeichnung Doktoranden immer dann, wenn ich Doktorandinnen und Doktoranden meine. Es widerstrebte mir, das verkürzende Wortungetüm »DoktorandInnen« zu wählen, das ich als formalistisch und hinderlich beim Lesen empfinde. Ich hoffe, dass meine Geschlechtsgenossinnen mir dies nicht übel nehmen, denn das Buch habe ich ganz besonders auch für sie geschrieben. Bei den Bezeichnungen Professor und Betreuer der Doktorarbeit gebe ich ebenfalls der Sprachökonomie den Vorrang und setze voraus, dass beide Geschlechter einbezogen sind. Den Begriff Doktorvater habe ich bei der Beschreibung der Beziehung zwischen Gutachter und Doktorand bewusst bevorzugt und im allgemeineren Sinn verwendet, da er das patriarchalisch-autoritär geprägte Verhältnis, das auch die Beziehung zur Doktormutter entsprechend färbt, trefflich wiedergibt.

Helga Knigge-Illner
Berlin, im August 2001

1
Ein Doktorand hat es nicht leicht – Probleme in der Arbeits- und Lebenssituation erkennen und bewältigen

Schauen wir uns zunächst die Arbeits- und Lebenssituation von Doktoranden an. Wenn Sie sich rechtzeitig in diese Lage hineindenken, können Sie im Voraus abschätzen, was möglicherweise auf Sie zukommt, wenn Sie sich zu einer Promotion entschließen. Falls Sie bereits an Ihrer Dissertation arbeiten, werden Sie nach der Lektüre vielleicht besser verstehen, warum Sie manchmal so sehr unter Ihrer Situation leiden und warum das Arbeiten Ihnen zeitweise so schwer fällt. Hoffentlich gewinnen Sie außerdem eine Menge neuer Anhaltspunkte, wie Sie manche Klippen umschiffen und Defizite kompensieren können.

Zuerst gilt es, nach den Motiven zu fragen, mit denen Doktoranden sich einer Promotion zuwenden. Wenn Sie wissen, welche Art von Motivation für die Arbeit erforderlich und günstig ist, können Sie Ihre eigene Motivation daraufhin prüfen.

Anschließend gilt das Augenmerk der Arbeitssituation des Doktoranden. Sie erscheint vielen zunächst sehr verlockend, weil sie die Freiheit bietet, sich die Zeit selbst einzuteilen und sich völlig den eigenen wissenschaftlichen Interessen zu widmen. Die Kehrseite ist jedoch, dass man allein und ganz auf sich gestellt am Schreibtisch arbeitet und wenig Möglichkeiten hat, sich mit anderen auszutauschen. Manche Doktoranden verlieren sich dabei in Selbstzweifeln, Ängsten und Unsicherheit. Ihnen fehlt das aufmunternde Feedback und die konstruktive Kritik von Kollegen sowie die intensive Anleitung und Unterstützung durch ihren Betreuer.

Viele fühlen sich damit überfordert, ihre Arbeitsmotivation ohne fremde Hilfe aufrechtzuerhalten und die häufigen Schwankungen des Selbstwertgefühls auszugleichen. Der einzige Ausweg für sie besteht darin, sich aktiv Unterstützung zu suchen, indem sie sich um Kontakte und Kooperation bemühen.

Abgesehen von dem langwierigen Arbeitsprozess der Promotion ist aber auch der Lebensabschnitt an sich belastend. Der Doktorand macht in dieser Phase einen psychosozialen Entwicklungsprozess durch, der hohe Anforderungen an ihn stellt und ihn zwingt, seine Identität zu überdenken.

An dieser Stelle wird die soziale Rolle von Doktoranden betrachtet und nach Möglichkeiten gesucht, wie sie ihr Identitäts- und Selbstwertgefühl festigen können. Durch die Promotion rücken traditionelle Rollenmuster wie Familiengründung, berufliche Festlegung und gesellschaftliche Etablierung meist in die Zukunft. Die Doktoranden bleiben zunächst darauf angewiesen, sich ihre Identität in dieser vorübergehenden Phase individuell selbst zu schaffen. Die beruflichen Tätigkeiten, die ihnen offen stehen, bringen relativ wenig oder nur widersprüchlichen Statusgewinn ein: der gering entlohnte Dozent, der Doktorand mit einfachen oder wechselnden Jobs, der noch in Ausbildung befindliche Wissenschaftliche Assistent auf Zeit. Was der Doktorand inzwischen im Bezug auf seine Arbeit an der Diss leistet, ist für Außenstehende schwer einzuschätzen und wird daher auch kaum angemessen gewürdigt.

Die Analyse wird deutlich machen, dass Doktoranden trotz mangelnder gesellschaftlicher Anerkennung ein klares und starkes Identitätsgefühl besitzen, das sich auf den Wert ihrer wissenschaftlichen Arbeit und die damit verbundene schöpferische Leistung stützt. Persönlicher Ehrgeiz, starke Gefühle und hohe Ansprüche an sich selbst prägen das Verhältnis des Doktoranden zu seiner Diss. Daraus kann leicht ein Wechselbad der Gefühle entstehen – von euphorischen Höhenflügen bis zu bedrohlichen Selbstzweifeln. Gerade weil ihr Selbstwertgefühl so instabil ist, scheuen Doktoranden sich oft davor, ihre Arbeitsergebnisse zu präsentieren, und schieben diesen Schritt immer wieder hinaus.

Abschließend wird die Beziehung zum Doktorvater beziehungsweise der Doktormutter in den Brennpunkt gerückt. Sie gestaltet sich in der Regel nicht konfliktfrei. Es wird erörtert, wie man sich aus der Abhängigkeit vom Urteil dieser Autoritätsfigur emanzipieren kann, um einen eigenen wissenschaftlichen Standpunkt zu beziehen.

Promovieren – warum?

Was bringt Menschen mit erfolgreichem Hochschulabschluss dazu, sich auf eine Doktorarbeit einzulassen und sich einem weiteren Examen zu stellen? Ist es die Aussicht auf den Glanz des akademischen Titels vor dem Namen? Oder die Hoffnung, sich selbst auf diese Weise eine wissenschaftliche oder sonstige berufliche Karriere zu eröffnen? Oder gibt es vielleicht noch ganz andere Motive? Das Interesse an der Sache selbst oder vielleicht ganz persönliche Beweggründe, wie beispielsweise den Drang, sich selbst zu beweisen, dass man zu Größerem fähig ist? Es lohnt sich, diese Motive einmal in den Blick zu nehmen, denn man muss bedenken, dass das Promovieren in Wirklichkeit alles andere als eine »Beförderung« ist – was es im ursprünglichen Wortsinn bedeutet. Im Gegenteil, das Projekt Doktorarbeit verlangt dem Doktoranden eine Menge ab. Außer der nötigen intellektuellen Kompetenz sind auch ein hoher Arbeitseinsatz und große Ausdauer erforderlich, denn eine Doktorarbeit zu schreiben, ist mitunter ganz schön langwierig und mühsam. Man muss gewaltige Kräfte auf sie verwenden und ihr ein beträchtliches Stück Lebenszeit widmen!

Der Weg des Promovierens ist offen und unbestimmt. Es gibt dafür keinen fest geregelten Aufbaustudiengang. Die Promotionsordnung, die Sie auf jeden Fall gut kennen sollten, legt lediglich die Zulassungsvoraussetzungen und die Form der Prüfung fest. Die Ausgestaltung – das heißt, wie Sie Ihr Projekt fachlich angehen und organisieren – liegt ganz bei Ihnen. Manchmal beginnt man zu glauben, man müsse erst einen Pfad durch einen Dschungel schlagen, bevor die Expedition ins unbekannte Reich der Wissenschaft beginnen kann. Und am Ende des Dickichts steht vielleicht eine kleine Erleuchtung – das Licht der Erkenntnis –, aber kein großer Sieg. Da erwartet Sie niemand, um Sie mit der Eintrittskarte in eine wissenschaftliche Karriere zu belohnen. Ob Sie Ihre sonstigen beruflichen Chancen damit verbessern, ist ungewiss. Aber schließlich verlangt auch niemand von Ihnen, dass Sie promovieren. Die Entscheidung liegt ganz bei Ihnen. Warum sollten Sie es also tun? Wofür lohnt es sich, seine Kräfte auf eine Doktorarbeit zu konzentrieren?

Fragen wir zunächst, was andere Doktoranden dazu bewogen hat, sich für eine Doktorarbeit zu entscheiden.

Beispiele

- Die frisch diplomierte Psychologin Katja war auf Stellensuche. Sie wünschte sich eine praktische Tätigkeit als Klinische Psychologin beziehungsweise Psychotherapeutin. Ganz überraschend bekam sie eine Stelle als Wissenschaftliche Mitarbeiterin in einem Forschungsprojekt über Konfliktverhalten von Kindern angeboten. Es lagen bereits umfangreiche Beobachtungsdaten vor, die es nun auszuwerten galt. Das Thema sprach sie an, sie hatte sich während ihres Studiums schon damit beschäftigt und fühlte sich auch durch die erforderliche methodische und statistische Arbeit herausgefordert. Gleichzeitig fand sie die Aussicht auf fünf Jahre in einer festen Stelle mit einem sicheren, heimeligen Platz im Büro verlockend. Ursprünglich hatte sie nicht vorgehabt zu promovieren. Aber warum sollte sie sich die Gelegenheit entgehen lassen, aus der Forschungsarbeit eine Doktorarbeit zu machen? Sie sagte zu. Mit der Zeit wurde ihr allerdings klar, dass dabei auch ein ganz persönlicher Anspruch mit im Spiel war, nämlich »etwas Eigenes« daraus zu machen, ein eigenes kleines Werk.

- Reinhard war seinem Professor in einem Hauptseminar am Ende des Studiums durch ein hervorragendes Referat und gute Diskussionsbeiträge aufgefallen. Nach dem Diplom in Betriebswirtschaftslehre bot der Dozent ihm eine Assistentenstelle an. Natürlich fühlte Reinhard sich geschmeichelt. Eigentlich hätte er eine Management-Aufgabe in der Wirschaft wesentlich attraktiver gefunden. Andererseits bot die Stelle ihm eine gute Chance zur Weiterqualifizierung. Die Doktorarbeit kam ihm zunächst ganz nebensächlich vor. Er beschäftigte sich kaum eingehender mit der Themenwahl. Später wurde die Dissertation für ihn zu einer »wenig sinnvollen und beschwerlichen Pflichtaufgabe«.

Gerade Doktoranden, die über eine Wissenschaftliche Mitarbeiterstelle zu ihrer Doktorarbeit gekommen sind, haben oft zunächst nur ein ganz oberflächliches Interesse an der Dissertation. Ihnen geht es vielmehr um den Lehrauftrag beziehungsweise die Arbeit an der vertrauten Universität. Dass sie dabei auch eine Dissertation zu verfassen haben, erscheint selbstverständlich und unproblematisch. Viele entschließen sich zur Promotion, ohne das Für und Wider überhaupt ernsthaft kritisch abzuwägen.

Bei der Entscheidung für eine Promotion spielt häufig auch der Aspekt eine Rolle, dass man die Arbeit in Eigenregie und mit großem Spielraum an persönlicher Freiheit gestalten kann. Die Aussicht auf eine selbstbestimmte, an eigenen Interessen ausgerichtete Forschungstätigkeit erscheint vielen wesentlich verlockender als ein Beruf, in dem man in eine feste Organisation eingebunden ist und vorgegebene Pflichten zu erfüllen hat. Manche sehen darin auch eine willkommene Möglichkeit, das vertraute Studentenleben relativ stressfrei fortzusetzen und sich noch nicht dem vermeintlichen Ernst des Berufslebens stellen zu müssen.

Die Doktoranden, die sich um ein Promotionsstipendium bemüht oder sich dazu entschlossen haben, ihre Dissertation durch eigene Erwerbstätigkeit zu finanzieren, haben meist klarere und sachbezogenere Motive. Die Doktoranden-Gruppen, die ich befragt habe, nannten folgende Interessen als maßgeblichen Antrieb:

- die Lust am Lesen von Fachliteratur,
- das Interesse daran, das eigene Wissen zu vertiefen,
- das Erlangen von Expertentum,
- das Interesse an weitergehender Bildung sowie
- die Neigung zu wissenschaftlichem Arbeiten.

Für viele Doktoranden ist die wissenschaftliche Tätigkeit – das Sammeln, Organisieren und Analysieren von Wissensinhalten – in sich selbst befriedigend.

Beispiele

- Bei Monika, die Politik und Geschichte studiert hatte, war es »die Lust an Archivarbeiten und das detektivische Erforschen von historischen Quellen«, das sie zu ihrem Vorhaben anregte.
- Bei Elena ging die Faszination von Platons philosophischen Texten aus, die sie zu einer Auseinandersetzung herausforderten.

Nach meinen Erfahrungen kommt es nur selten vor, dass am Beginn des Vorhabens eine ganz bestimmte wissenschaftliche Frage steht, die den Forschungsdrang weckt. Das scheint eher eine wirklichkeitsfremde Idealvorstellung zu sein. Was viel häufiger in die Motivation einfließt, ist dagegen die Lust an Tätigkeiten, die man im Studium gelernt hat, und die Neigung, sich weiterhin mit Lieblingsthemen zu befassen:

Beispiele

- Myriam, die Kunstgeschichte studiert hatte, entwickelte ihr Interesse an historischer Gartenkunst im Zusammenhang mit einem Seminarreferat.
- Bei der Diplom-Soziologin Anja bestimmte die Liebe zur Oper den Kernpunkt ihres wissenschaftlichen Interesses und regte sie dazu an, sich mit dem gesellschaftspolitischen Bezug der Opern Verdis zu befassen.

In die Entscheidung für eine Dissertation fließen aber meist auch andere persönliche Ziele mit ein.

Beispiel

- Janine war längere Zeit in der Öffentlichkeitsarbeit eines Museums praktisch tätig, doch auf Dauer vermisste sie die wissenschaftliche Arbeit, die sie auch schon während ihrer Magisterarbeit im Fach Kommunikationswissenschaft als sehr befriedigend erlebt hatte. Sie bewarb sich erfolgreich um ein Stipendium und hoffte, damit einen entscheidenden Grundstein zu einer akademischen Karriere zu legen.

Das Motiv, eine bestehende Berufstätigkeit ganz oder teilweise aufzugeben und an frühere Interessen anzuknüpfen, spielt häufiger eine Rolle.

Beispiele

- So wollte Sascha, der ursprünglich Theologie studiert hatte, sich gern aus seiner Vollzeitstelle als Nachrichtenredakteur einer Zeitung zurückziehen, um sich wieder mit seinem Lieblingsthema, der protestantischen Kirchenarchitektur, befassen zu können. Ihn reizte die Aussicht, damit »etwas Besonderes« und »ganz Eigenes zu schaffen«. Das erschien ihm so wichtig, dass er bereit war, »für die Lust auch die Last der zusätzlichen Arbeit und den Frust entgangener Freizeit auf sich zu nehmen«.
- Maria hatte eine ähnliche Motivation: den Wunsch, den Blick über den »Gartenzaun«, das heißt den normalen Arbeitsalltag, hinaus zu tun und sich ein zweites Standbein zu schaffen. Sie suchte nach einer Herausforderung, die über ihren Beruf hinausging und ihren Ehrgeiz anstacheln sollte, ein eigenes Werk zu produzieren, »ein Buch zu machen«.
- Bei der Diplom-Politologin Monika war der Entschluss zu promovieren mit einer beruflichen Neuorientierung verbunden: Sie wollte einer unbefriedigenden Tätigkeit in der Sozialberatung entkommen und sich für einen Bereich qualifizieren, der ihrer Neigung zur Erforschung historischer Dokumente entgegenkam. Auch für sie sollte das Promotionsstipendium der entscheidende Schritt zu einer selbstständigen wissenschaftlichen Tätigkeit werden.

Manchmal hat der Entschluss zur Promotion aber auch eine kompensatorische Funktion: Es soll ein Defizit ausgeglichen oder eine persönlich frustrierende Erfahrung wettgemacht werden:

Beispiele

- Brigitte hatte nach dem Examen das Bestreben, sich als Wissenschaftlerin durch den Doktortitel mehr Gewicht und Respekt zu verschaffen, da sie fürchtete, als Soziologin im Bereich der Politischen Ökonomie – die ihr zudem eine Männerdomäne zu sein schien – wenig Anerkennung zu finden.

• Susanne hatte nicht nur den Wunsch sich weiterzuqualifizieren, sondern suchte auch für sich selbst nach einer Bestätigung ihrer wissenschaftlichen Kompetenz. Sie hatte eine angestrebte Stelle nicht bekommen und wollte den erlebten Misserfolg auf diese Weise wieder wettmachen.

Bei manchen Doktoranden spielt auch der eigene biografische Hintergrund eine Rolle – zum Beispiel, wenn eine Frau als Erste in ihrer Familie einen Doktorgrad erlangen will. Auch das Bestreben, das zu schaffen, was Vater oder Mutter versucht, aber nicht erreicht haben, stachelt manchmal den persönlichen Ehrgeiz an. Eine solche Triebfeder kann allerdings problematisch werden, wenn man dabei das eigene Interesse und die eigene Kompetenz überschätzt.

Je weiter man sich in die Doktorarbeit vertieft, umso mehr treten verschiedene Formen von Motivation zutage beziehungsweise werden erforderlich. Dazu gehören das Interesse an neuen Erkenntnissen – das eigentliche Forscherinteresse – und eine Art kognitiver Problemlöse-Motivation, das heißt der Antrieb, das Problem in den geeigneten theoretischen Zusammenhang zu stellen, um zu »Lösungen« – wie zum Beispiel neuen Bezügen und Schlussfolgerungen – zu gelangen.

Beispiele

• Eine Doktorandin, die in Platons Dialogen eine bestimmte Argumentationsstruktur aufdecken will, sieht ihr Hauptmotiv in der »Freude an harter denkerischer Auseinandersetzung«. Diese bedeutet ihr so viel, dass sie ihre Situation nicht gegen eine wohl situierte Position mit sozialem Prestige und existenzieller Sicherheit eintauschen würde.
• Die von mir befragten Doktoranden, die ihre Dissertation erfolgreich abgeschlossen haben oder noch mitten in der Bearbeitung stehen, sehen in ihr eine intellektuelle Herausforderung. Sie äußerten als weiteres Motiv die Neigung, den Gegenstand »in eine gelungene Form zu bringen«, und die Freude an der formalen und sprachlichen Gestaltung.

Die folgenden Selbstaussagen von Befragten machen deutlich, wie ernst die herausfordernde Aufgabe genommen wird:

Beispiele

- Für Anja, die erst in einer späteren Lebensphase ein Studium absolvieren konnte, ist die Diss ein sehr hart erkämpfter Teil ihres Lebens:»Sie ist das, was ich schon immer machen wollte«. Sie musste es aufschieben, weil früher Mann und Kinder den Vorrang hatten. Jetzt würde sie nicht mehr darauf verzichten wollen, auch wenn sie sich vor Augen führt, welche Vorzüge – wie zum Beispiel erholsame Freizeit – eine weniger anstrengende berufliche Tätigkeit bieten würde.
- Auch für Petra hätte ein Leben ohne Diss zwar viele Annehmlichkeiten, aber»das Zentrale« würde ihr fehlen: eine ständig fordernde Aufgabe, die Spannung und lebendige Auseinandersetzung mit sich bringt.

Die folgenden Aussagen zeigen besonders deutlich, dass die Dissertation einen zentralen Stellenwert in der Lebenssituation erhält beziehungsweise sogar zum Lebensmittelpunkt wird:

Beispiele

- Hanna, die aus einem arabischen Land kommt, stellt sich ihr Leben ohne Diss zwar körperlich angenehmer vor, da sie»dann keine Kopf- und Rückenschmerzen mehr hätte«. Aber ohne die »Aspirations« und ihr Anliegen, die Bedeutung des Theaters für den demokratischen Prozess in ihrem Heimatland herauszustellen, käme sie sich»ohne inneres Leben, wie seelisch tot« vor.
- Auch für Christina war die Arbeit an der Diss so wichtig, dass sie dafür Konflikte mit ihrem Ehemann in Kauf nahm. Er hielt nichts von ihrem Vorhaben und erwartete stattdessen von ihr einen wesentlichen Beitrag zum Familieneinkommen. Obwohl er sogar damit drohte, sie zu verlassen, machte sie weiter.

Drum prüfe ... – Hinterfragen Sie Ihre eigene Motivation!

Wer sich entschließt zu promovieren, lässt sich auf eine anspruchsvolle, intellektuell fordernde und sehr langwierige Aufgabe ein. Man trifft damit eine Entscheidung über mehrere Jahre seines Lebens, wenn nicht über eine ganze Lebensphase. Nur die wenigsten schaffen es, ihr Vorhaben in weniger als drei Jahren zu verwirklichen. Auch diejenigen, die sich über ein Zweijahresstipendium finanzieren, brauchen letztendlich meist länger. In der Regel – das heißt wenn die Dissertation im Zusammenhang mit einer Stelle als Wissenschaftlicher Assistent an der Universität oder in einem Forschungsinstitut angefertigt wird – ist mit zwischen vier und sechs Jahren zu rechnen. Wenn man parallel zur Promotion seinen Lebensunterhalt in einer Teilzeitarbeit oder einer Job-Tätigkeit verdient, dauert es meist noch länger.

Eine Doktorarbeit lässt sich nicht nebenbei verwirklichen, sondern verlangt einen enormen Energieaufwand und eine hohe Arbeitsmoral. Wenn Sie sich ernsthaft darauf einlassen, wird sie über kurz oder lang zu einer zentralen Aufgabe, zu Ihrem Lebensmittelpunkt. Für diese Aufgabe benötigt man sehr bedeutungsvolle Motive, eine starke Leistungsmotivation und volles Engagement.

Checklisten

✔ Eine intrinsische Motivation, das heißt Interesse an der Sache und speziell an dem gewählten Thema, ist auf jeden Fall erforderlich, reicht aber noch nicht aus.
✔ Darüber hinaus ist auch die Freude an den Tätigkeiten, die das wissenschaftliche Arbeiten ausmachen, unverzichtbar.
✔ Weiterhin ist ein beträchtliches Maß an intellektueller Problemlösemotivation gefordert, um das gestellte Problem theoretisch zu analysieren und hoch differenzierte Lö-

sungsansätze zu entwickeln. Im günstigsten Fall ist diese Motivation mit dem Ehrgeiz gepaart, das Problem in den Griff zu bekommen, es zu »meistern« (»mastery motivation«) und die eigenen intellektuellen Fähigkeiten daran zu messen.

✔ Außerdem sollten das Schreiben selbst und der Umgang mit Texten Ihnen Spaß machen, denn bis das Manuskript zu Ihrer Doktorarbeit druckreif vorliegt, werden Sie Berge von Papier beschrieben haben!

✔ Äußere Faktoren wie der Wunsch, sich mit dem Doktorgrad zu schmücken oder formale Pluspunkte für die Karriere zu sammeln, zählen zu den extrinsischen Motivationen. Sie werden allein nicht als Antrieb ausreichen.

✔ Ihr Vorhaben wird nur dann gelingen, wenn Sie die Sache selbst als Herausforderung sehen, der Sie sich stellen und die Sie zu Ihrem Anliegen machen.

Sich auf die Dissertation einzulassen, bedeutet letztendlich, eine längere Beziehung einzugehen, in der Sie sich nicht nur mit Ihrem Projekt, sondern auch mit sich selbst auseinander setzen müssen. Sie treten damit nämlich zugleich in einen Entwicklungsprozess ein, in dem Sie Ihre Kräfte messen, dabei die Möglichkeiten und Grenzen Ihrer Fähigkeiten erfahren und ein neues Selbstbewusstsein beziehungsweise eine neue Identität ausbilden werden. Für diese Herausforderung brauchen Sie ein Stück Leidenschaft, große Ausdauer und viel Geduld.

Der Doktorand als einsamer Einzelkämpfer – was die Arbeitssituation so belastend macht

Wenn der erste Schritt getan und die Arbeit ernsthaft im Gange ist, dann müssen die Doktoranden sich auf weiten Strecken als Einzelkämpfer durchschlagen. Sie verbringen einen Großteil der Arbeitszeit allein am Schreibtisch – die meisten zu Hause im »stillen Kämmerlein« oder am Schreibtisch des Instituts, in dem sie beschäftigt sind –, denn die geistige Arbeit erfordert Ruhe und Abgeschiedenheit.

Diejenigen, die ihre Dissertation durch ein Stipendium finanzieren, sind dabei häufig ganz auf sich gestellt. Wer nicht in ein Projekt und eine Institution eingebunden ist, arbeitet als Einzel- und Heimarbeiter und entbehrt dabei die Vorzüge von Teamarbeit, Beziehungen mit Kollegen und informeller Kommunikation über die Arbeit.

Die angestellten Wissenschaftlichen Assistenten haben zwar mehr Möglichkeiten zur Kooperation und zum Austausch mit Kollegen – worum sie von anderen Doktoranden häufig beneidet werden –, aber über das Thema ihrer Doktorarbeit wird ebenfalls nur selten gesprochen. Meist stehen ganz andere Institutsprojekte im Vordergrund.

Regelmäßige Kontakte mit dem Betreuer der Arbeit, dem Doktorvater, sind eher die Ausnahme als die Regel. Meist muss der Doktorand schon selber die Initiative dazu ergreifen. Auch das Vorstellen der Arbeit im Doktoranden-Kolloquium oder in einem Hauptseminar ist ein seltenes, punktuelles Ereignis und entsprechend außerordentlich bedeutsam. Von diesen wenigen Gelegenheiten abgesehen, kommen die meisten Doktoranden kaum in den Genuss von positivem Feedback. Ihr Bedürfnis nach Anerkennung und Austausch mit Kollegen bleibt unbefriedigt.

Lange, einsame Arbeitsphasen am Schreibtisch mit dem PC als einzigem Interaktionspartner und ein ständiges Gefühl der Isolation sind das Los des Doktoranden. Fast alle Befragten berichten davon:

Beispiele

- Christina bezeichnete rückblickend die vielen Stunden am PC als nachhaltigsten Eindruck. Sie bewundert sich im Nachhinein selbst für die Geduld und Ausdauer, die sie dabei aufgebracht hat. Manchmal fühlte sie sich ganz eingesponnen in die Welt des französischen Dramatikers, über den sie schrieb. Aber es hat ihr trotz der gewaltigen Anstrengung auch Spaß gemacht, denn sie erlebte dabei »ganz wichtige Schaffensprozesse«.

- Janine machte die Einsamkeit ebenfalls schwer zu schaffen, obwohl sie ihre Erlebnisse mit der Diss insgesamt positiv bewertet. Sie schildert das selbstbestimmte Arbeiten für das eigene Interesse und das »autonome Gefühl« als höchst befriedigend, entbehrte aber den Austausch mit anderen zutiefst. Sie fühlte sich ganz allein, auf sich gestellt »wie sonst nie zuvor«. Ihren Alltag mit der ständigen Arbeit am Schreibtisch erlebte sie als sehr statisch. Sie kam sich vor »wie in Klausur«, »als Eremit« sozusagen. Es war ein Gefühl wie »aus der Zeit herausgenommen zu sein«. »Das Leben spielte sich nur noch in meinem Kopf ab, völlig abgehoben von der Realität draußen. Manchmal hatte ich das Gefühl, es interessiert sich kein Mensch für mich, ich hätte genauso gut nicht da sein können; es würde niemandem auffallen.«

- Auch Katja, die ihre Doktorarbeit im Rahmen eines Forschungsprojektes anfertigte, hatte längst nicht so viel Möglichkeit zur Kooperation, wie sie sich gewünscht hätte. Es gab zwar Besprechungen, aber insgesamt kam sie sich mit der Arbeit dennoch allein vor. Lediglich die theoretische Linie war vorgegeben, doch darüber hinaus hatte sie wenig konkrete Anhaltspunkte. Sie fühlte sich mit der Fülle des Datenmaterials allein gelassen und war manchmal sehr ratlos. Rückblickend findet sie es schlimm, dass sie viel Zeit allein damit zubrachte, »in Details zu wühlen, die eigentlich völlig belanglos waren und niemanden interessierten. Das hatte so etwas Selbstbezogenes, in sich Kreisendes«. Manchmal fürchtete sie, damit »die besten Jahre ihres Lebens zu verplempern«.

Sich ganz in die Sache vertiefen zu können und dafür die Zeit zu haben, erleben Doktoranden als attraktive und herausfordernde Aufgabe, auch als Privileg oder sogar als Luxus. Aber es hat auch eine sehr belastende Kehrseite. Wenn der Doktorand mit der Sache, mit seinen Gedanken, seiner Einschätzung und seinen Zweifeln ganz allein ist, fehlt ihm häufig der äußere Bezugsrahmen. Das bestätigende, aber auch korrigierende Feedback eines Partners kann ihn davor schützen, sich ganz in den eigenen, unrealistischen Vorstellungen und Maßstäben zu verlieren.

In der eigenen inneren Gedankenwelt fühlt der Doktorand sich zeitweise als Entdecker und Eroberer und schwelgt im Hochgefühl seiner intellektuellen Potenz und Kreativität. Es gibt jedoch auch immer wieder Phasen, in denen die Arbeit stockt und kein Fortschritt in Sicht ist. Dann werden kleine Misserfolge zu traumatischen Erfahrungen, die Selbstzweifel und Versagensängste auslösen. Auch mit diesem inneren Erleben ist der Doktorand ziemlich allein. Da er kaum jemanden hat, der ihn wirklich versteht, spielt der Kampf sich ausschließlich in seinem Inneren ab. Dieses dramatische innere Erleben, in das niemand anders wirklich Einblick hat, rückt die normalen Alltagskontakte in umso weitere Ferne.

In seinem Einzelkampf mit der Wissenschaft fühlt man sich oft von dem Anspruch überfordert, ganz allein zu eigenen Urteilen gelangen zu müssen, und wünscht sich dazu Unterstützung und Orientierungshilfe.

Beispiel

• Janine berichtet, dass sie in solchen Phasen gern jemanden gehabt hätte, den sie am liebsten ständig gefragt hätte, ob sie »damit richtig liege«. Stattdessen war sie ganz allein mit der Angst, vielleicht vollkommen auf Abwege geraten zu sein und es nicht einmal zu merken, weil niemand da ist, der einen bestärkt.

Bei den meisten Doktoranden bleibt das Bedürfnis nach mehr Anleitung, Orientierungshilfe und Bestätigung unbefriedigt. Nur wenige erfahren die leitende Hand ihres Doktorvaters. Die Auseinandersetzung mit der Wissenschaft gerät bei vielen zu strapaziösem und häufig fruchtlosem Abkämpfen.

Bei den seltenen Gelegenheiten, bei denen man doch einmal Rückmeldung bekommt – zum Beispiel im Gespräch mit dem Doktorvater oder im Rahmen eines Kolloquiums – gewinnt diese einen umso höheren Stellenwert. Entsprechend hart ist das empfindliche Selbstwertgefühl getroffen, wenn das Feedback negativ ausfällt. Einfühlsame Freunde und Kollegen, die konstruktive Kritik üben und die Maßstäbe zurechtrücken, können dem Doktoranden in solchen Situationen helfen, sein Selbstbewusstsein zu festigen. Leider erleben nur wenige eine derartige Unterstützung.

Bei fast allen Doktoranden trifft man auf ein permanentes

Bedürfnis nach Austausch mit anderen, die sich in der gleichen Situation befinden, und nach bestätigendem Feedback. Der Bedarf an Beratung und Betreuung ist bei vielen sehr hoch. Andere erleben das Alleinarbeiten dagegen als angenehm und befriedigend. Das hängt natürlich auch von den individuellen Lebensbedingungen ab:

Beispiel

• Die bereits erwähnte Doktorandin Monika, die sich mithilfe eines Doktorandenstipendiums aus ihrer unbefriedigenden beruflichen Situation befreit hatte, genoss die Zeiten, in denen sie zu Hause – unbehelligt von Kollegen, Mann und Kindern – allein an ihrem Schreibtisch sitzen und für sich arbeiten konnte. Sie empfand diese Arbeitssituation als großes Privileg. Im fortgeschrittenen Stadium ihrer Arbeit vermisste sie die Kommunikation mit anderen dann allerdings doch. Sie suchte sich daraufhin Betreuung bei der psychologischen Beratung ihrer Universität.

Doktoranden in den Naturwissenschaften, die eine experimentelle Arbeit verfassen, arbeiten auch im Labor, wo sie Versuche durchführen, oder sie betreiben Feldforschung wie manche Biologen. Sie haben dadurch sicherlich mehr Abwechslung und auch mehr Austausch und Anregung durch Kontakte mit anderen. Trotzdem berichten sie ebenfalls davon, dass sie mit ihrer eigentlichen wissenschaftlichen Arbeit weitgehend auf sich selbst gestellt sind. Bessere Arbeitsbedingungen haben nur diejenigen Doktoranden, die mit ihrer Dissertation in ein größeres Forschungsprojekt eingebunden sind, dessen Organisation einen regelmäßigen Austausch gewährleistet.

Was Doktoranden fehlt, ist nicht nur der alltägliche Umgang mit Arbeitskollegen, sondern über kurz oder lang auch die soziale Geborgenheit, die ein fester Freundeskreis vermittelt. Im Laufe ihrer Arbeit werden nämlich auch die übrigen Kontakte zunehmend in Mitleidenschaft gezogen oder reißen sogar gänzlich ab. Die Doktoranden vergraben sich völlig in ihrer Arbeit und bringen kaum noch die Zeit auf, bestehende Beziehungen zu pflegen, geschweige denn neue anzuknüpfen. Für ihre Partner und Freunde ist es oft frustrierend, wenn sie viel mehr Verständnis und moralische Unterstützung aufbringen sollen, als sie selbst zurückbekommen. Darunter leidet auf Dauer jede Beziehung.

Der Rückzug ins stille Kämmerlein dient auch dem eigenen Schutz: Man verhindert auf diese Weise, dass andere in der Frühphase der Arbeit deren Schwächen erkennen und kritisieren. Es kann zwar einerseits sinnvoll sein, sich vor Verunsicherung zu schützen, damit die Gedanken erst einmal in Ruhe heranreifen können, aber andererseits besteht auch die Gefahr, dass Umwege und Verirrungen lange unentdeckt bleiben.

Dass eine Dissertation eine eigenständige wissenschaftliche Leistung erfordert, ist nur ein Grund dafür, dass Doktoranden weitgehend auf sich allein gestellt sind. Es ergibt sich nicht einmal zwangsläufig daraus, dass man ausschließlich allein arbeiten muss. Vielmehr scheint es mir, als ob Doktoranden sich selbst zu einsamen Einzelkämpfern stilisieren, um einem Rollenklischee zu entsprechen, das dem von freischaffenden Künstlern oder Privatgelehrten ähnelt. Was diese Rolle so faszinierend macht, ist nicht nur die Freiheit, sich selbstbestimmt dem eigenen Schaffen zu widmen, sondern auch die, sein Tun keinem erkennbaren praktischen Zweck unterzuordnen. Von der Zweckrationalität entbunden, kann man sich unbegrenzt in Betrachtungen vertiefen, wobei es mehr auf die wissenschaftliche Betätigung an sich als auf das Ergebnis ankommt.

Wissenschaftliche Arbeiten müssen aber, anders als künstlerische Produktionen, objektiven Kriterien genügen und sich am aktuellen Forschungsstand messen lassen. Darum schadet man sich selbst wesentlich mehr, als man sich nützt, wenn man den Austausch mit anderen Vertretern der Wissenschaft aufschiebt oder vermeidet. Man sollte sich als Doktorand frühzeitig um Kontakte mit anderen wissenschaftlich Tätigen bemühen und sich am besten einen festen Arbeitskreis aufbauen.

Die freie Zeiteinteilung – ein Privileg, das seine Tücken hat

Doktoranden werden oft von anderen, die im gleichen Alter schon im Berufsleben stehen, um ihre Chance zur freien Zeiteinteilung beneidet. Sie können ihren Arbeitsalltag selbst organisieren und nach ihren Bedürfnissen gestalten – fast so locker wie im Studentenleben. Häufig sind Doktoranden damit jedoch überfordert, ebenso wie übrigens auch viele Studenten. Die Zeit läuft ihnen davon, sie schaffen nicht das, was sie sich vorgenommen haben, und geraten in die Versuchung, Dinge auf die lange Bank zu schieben. Das spannungsreiche Verhältnis zur Dissertation trägt mit dazu bei, dass sich leicht innere Barrieren gegenüber der Arbeit aufbauen: Man misst ihr einen derartigen Stellenwert bei und schraubt die eigenen Ansprüche so hoch, dass man sich dadurch selbst blockiert.

Eine andere Gefahrenquelle liegt darin, dass die Arbeitszeit nicht von außen geregelt und kontrolliert wird und es weder Vorgesetzte noch Kollegen gibt, die merken würden, wenn man sich vor der Arbeit drückt. Man muss darum schon ein gehöriges Maß an Selbstdisziplin und -organisation aufbringen, um die Sache nicht schleifen zu lassen.

Gut geplante und klar strukturierte Arbeiten sind die ganz große Ausnahme. Die meisten Promotionsvorhaben gleichen vielmehr monströsen Riesenprojekten, bei denen kein Ende abzusehen ist. Entsprechend scheut man eher ängstlich davor zurück, die Sache beherzt anzupacken. Der immense Umfang des Gesamtwerks und die Tatsache, dass man in jeder Arbeitsphase nur einen verschwindend geringen Anteil davon bewältigen kann, geben einem das frustrierende Gefühl, dass man noch endlos weit vom Ziel entfernt ist und nur in winzigen Schritten vorwärts kommt. Erfolgserlebnisse stellen sich dadurch kaum ein.

Doktoranden leiden deshalb häufig unter dem Gefühl, nicht genügend geschafft zu haben. Um ihr ständiges schlechtes Gewissen zu beruhigen, stürzen sie sich häufig noch spätabends in die Arbeit und gönnen sich auch am Wochenende keine Freizeit. Sie stehen ständig unter innerem Leistungsdruck und haben kaum je das Gefühl, ihre Freizeit richtig genießen zu dürfen.

Nur wenigen gelingt es, ihre Arbeit systematisch zu planen und einen geregelten Arbeitsalltag zu organisieren. Den meisten fehlt es dafür an Zeitsouveränität, das heißt an der Fähigkeit, mit ihrer Zeit selbstbestimmt umzugehen. Das Thema Zeitsouveränität und die Frage, wie man zu einer erfolgreichen Arbeitsplanung kommt, werden später unter den Stichworten »Zeitmanagement« und »Arbeitsplanung« behandelt.

»Lebensabschnitt Promotion« – der Doktorand in der Gesellschaft

Doktoranden sind selten jünger als 27 Jahre, in der Regel zwischen 30 und 35. Damit zählen sie zwar ihrem psychosozialen Entwicklungsalter nach zu den Erwachsenen, erfüllen die entsprechenden gesellschaftlichen Rollenerwartungen aber noch nicht. Sie liegen in mehreren Punkten hinter ihren nicht promovierenden Altersgenossen zurück: Zum einen stehen sie bei weitem noch nicht »in Amt und Würden«, zum anderen haben sie meist weder eine Familie gegründet noch Wohneigentum erworben – kurz: Sie haben noch keinen festen Platz in der Gesellschaft eingenommen. Ihr Status ähnelt eher noch dem von Studierenden, die sich in der Phase der Spätadoleszenz befinden. Als »lernende Forscher« oder »sich entwickelnde Wissenschaftler« genießen sie weiterhin wie Studierende einen Freiraum, in dem sie ihr ideales Selbstbild, ihre Wertsetzungen und Lebensentwürfe entwickeln und mit unterschiedlichen Rollen experimentieren können. Sie brauchen sich noch nicht den regulären Anforderungen des Erwachsenenalters zu stellen, zu denen gehört, sich in den verschiedenen Lebensbereichen – Arbeit, Partnerbeziehung, soziale Gruppierungen – auf Rollen und Normen festzulegen. Das erscheint vielen äußerst reizvoll, bringt aber auch erhebliche Nachteile mit sich. Aus der Festlegung auf gesellschaftliche Rollen und der Teilhabe an Gruppen bezieht das Individuum nämlich nicht nur soziale Anerkennung und Statusgewinn, sondern auch das Selbstkonzept und das Gefühl von Ich-Identität hängen wesentlich davon ab.

In der Phase der Adoleszenz entwickelt man ideale Selbstvorstellungen, die man in der weiteren Entwicklung an der Realität misst und kritisch überprüft. Identität entwickelt sich im Wesentlichen aus der konkreten gesellschaftlichen Interaktion, denn sie stellt nach W. Bohleber »die Schnittstelle zwischen gesellschaftlichen Erwartungen an den Einzelnen und dessen psychischer Einzigartigkeit dar, sie ist das Produkt der Vermittlung und eine dynamische Balance zwischen beiden Seiten.«[1] Um zu einem stabilen und dauerhaften Gefühl von Identität zu gelangen, muss man die Ich-Erfahrungen aus den verschiedenen zentralen Lebensbereichen miteinander koordinieren und in einen inneren Zusammenhang bringen. Bestätigung und Anerkennung aus dem Lebensumfeld – im Berufsleben, in sexuellen Partnerbeziehungen, im Freundes- und Bekanntenkreis – sind dafür besonders wichtig. Die Sicherheit, die man daraus bezieht, ist unverzichtbar. Nur wer mit beiden Beinen in der Wirklichkeit steht, kann ein Gefühl von innerer und sozialer Kontinuität aufbauen.

Doktoranden sind dagegen noch nicht so in die Gesellschaft eingefügt, wie es ihrem Alter entspräche. Damit fehlen ihnen wesentliche Quellen ihres Identitäts- und Selbstwertgefühls. Wie wirkt sich das weitere Aufschieben regulärer Lebensaufgaben auf ihre Identität aus, beziehungsweise worauf kann diese sich stattdessen stützen?

Neuere sozialpsychologische Entwicklungstheorien gehen davon aus, dass die Identität sich weniger an bestehenden gesellschaftlichen Mustern und Rollenerwartungen ausrichtet, sondern vielmehr vom Subjekt aktiv konstruiert, das heißt weitgehend selbstbestimmt entsprechend den eigenen Zielen und Bedürfnissen gestaltet wird.[2] Diese Identitätskonstruktion beruht auf Erfahrungen in verschiedenen Lebensbereichen, die individuell unterschiedlich gewichtet werden. Dabei steht der Beruf beziehungsweise die Erwerbsarbeit nicht unbedingt im Mittelpunkt, sondern sie ist einer von mehreren Bausteinen, aus denen die Identität sich wie ein »Patchwork« zusammensetzt. Identität wird in diesem Sinn als »Projektentwurf des eigenen Lebens«, der für eine gewisse Zeit gültig ist, betrachtet.

Dieser Ansatz scheint besser als der herkömmliche auf die Situation von Doktoranden übertragbar zu sein.

Betrachten wir zunächst die psychosoziale Situation von Doktoranden unter der Fragestellung, welche Berufe sie ausüben beziehungsweise womit sie sich ihren Lebensunterhalt verdienen.

Die beruflichen Tätigkeiten von Doktoranden

Berufssituation und Gelderwerb von Doktoranden können ganz unterschiedlich aussehen. Eine feste Stelle im Bereich von Forschung und Lehre – entweder an einer Hochschule oder in einem Forschungsinstitut – bietet die günstigsten Voraussetzungen zum Promovieren. Etwa die Hälfte aller Doktoranden finanzieren sich auf diese Weise. Sie beziehen aus ihrer Tätigkeit als angestellte Wissenschaftler berufliche Identität und soziales Ansehen. Diese Anerkennung erstreckt sich sekundär auch auf ihren Doktorandenstatus, denn sie befinden sich damit zwar noch im Stadium der Entwicklung und Weiterqualifizierung, aber ihre Arbeit an der Diss wird als Teil der regulären beruflichen Aufgabe gesehen.

Anders sieht es bei den Doktoranden aus, die ein Promotionsstipendium beziehen. Sie sind sozusagen »hauptamtlich« Doktoranden, also Lernende, die sich in der Vorbereitung auf die Prüfung zum Doktor (wortwörtlich: Lehrer) befinden. Dass ihnen ein Stipendium gewährt wurde, bedeutet allerdings schon eine gewisse Anerkennung für ihre Arbeit an der Dissertation – schließlich hat eine angesehene Institution das Promotionsvorhaben geprüft und als förderungswürdig befunden!

Stipendiaten sind zwar ebenso wie Wissenschaftliche Mitarbeiter noch auf dem Wege zum »fertigen« Wissenschaftler, stecken aber stärker als diese in einem Zwischenstadium von Ausbildung und Entwicklung und sind damit dem Status von Studierenden näher. Sie stehen sozusagen mit einem Bein da und mit dem anderen dort, denn in manchen Funktionen treten sie auch als »vollwertige« und selbstverantwortliche Wissenschaftler und Dozenten auf, zum Beispiel dann, wenn sie einen Lehrauftrag übernommen haben oder wissenschaftliche Vorträge halten.

Diese Doktoranden sind sowohl mit ihrer Doktorarbeit als auch mit ihrer Nebentätigkeit kaum beziehungsweise gar nicht in institutionelle Strukturen eingebunden. Infolgedessen erhalten sie dafür auch nur minimale soziale Anerkennung. Stattdessen sind sie weitgehend darauf angewiesen, ihr Selbstbild eigenständig zu definieren und sich eigene Wertmaßstäbe zu schaffen.

Die Art ihres Einkommens kann weder in den Augen der Gesellschaft noch für die Stipendiaten selbst als Entlohnung für ihre wissenschaftliche Arbeit gelten. Stipendien sind sehr knapp bemessen und sichern einen Lebensunterhalt, der nur wenig oberhalb der Sozialhilfegrenze liegt. Damit werden die Doktoranden zwar für ihre Arbeit an der Dissertation freigestellt, aber nicht entlohnt. Außerdem sind die Empfänger von Stipendien auch von den Gutachtern und Kommissionen abhängig, die das Promotionsvorhaben regelmäßig überprüfen und darüber entscheiden, ob die Förderung fortgesetzt wird. Viele sind darüber hinaus auf zusätzliche finanzielle Unterstützung durch ihre Eltern oder Lebenspartner angewiesen – eine weitere Abhängigkeit, aus der häufig Konflikte entstehen.

Viele Doktoranden – zum Beispiel solche, die kein Stipendium bekommen haben oder die bei Ablauf der Förderungsdauer noch nicht mit ihrer Dissertation fertig sind – müssen sich ihren Lebensunterhalt mit Jobs verdienen. Das sind oft ziemlich stupide Tätigkeiten. Man verfügt damit zwar über ein eigenes Einkommen, bekommt aber keinerlei direkte materielle Anerkennung für die Arbeit an der Dissertation. Die beiden Arbeitsbereiche sind vielmehr völlig unabhängig voneinander. Sie unterscheiden sich hinsichtlich der geforderten Qualifikationen und des Grades an Autonomie radikal und tragen entsprechend auch auf gänzlich verschiedene Arten zum Selbstbild bei. Diese Doktoranden sind mit ihrer wissenschaftlichen Arbeit noch weniger in einen äußeren Rahmen eingebunden als die Stipendiaten, die immerhin gegenüber dem Betreuer ihrer Arbeit regelmäßig Rechenschaft ablegen müssen. Sie sind gänzlich darauf angewiesen, sich den Wert ihrer Arbeit selbst zu vergegenwärtigen.

Viele »meiner« Doktoranden verdienen ihr Geld mit einfachen Tätigkeiten wie zum Beispiel Kartenverkauf und anderen Service-Leistungen in Museen und sonstigen Kultureinrichtungen, mit Hilfstätigkeiten in Bibliotheken oder Arbeiten im sozialen Bereich, beispielsweise in der Altenbetreuung, Einzelfallhilfe und Schülernachhilfe. Manche von ihnen erleben diese Erwerbsarbeit als heilsamen Kontakt zur normalen Arbeitswelt und beziehen daraus wichtige Lebenserfahrungen, ja sogar Statusgewinn. Andere sehen darin eine lästige Notwendigkeit, die sie viel Zeit und Energie kostet und sie von ihrer eigentlichen Arbeit – der Diss – abhält.

Andere erfüllen dagegen anspruchsvolle und verantwortliche Aufgaben, mit denen sie sich meist stark identifizieren, wie wissenschaftliche Honorartätigkeiten auf Zeit als Lehrbeauftragte, Dozenten oder mit Werkvertrag. Die Bestätigung, die sie daraus beziehen, ist zwiespältig: Zwar wird ihre wissenschaftliche Kompetenz anerkannt, aber eine angemessene finanzielle Vergütung bekommen sie nicht dafür.

Da die Doktoranden viel Zeit für die Arbeit an ihrer Dissertation reservieren müssen, können sie andere, einträglichere Tätigkeiten – wie zum Beispiel qualifizierte Büroarbeiten als Sekretärin oder Sachbearbeiterin – nur begrenzt ausüben. Je mehr Bestätigung sie aus ihrer Erwerbstätigkeit beziehen, und je stärker sie sich damit identifizieren, umso größer ist außerdem die Gefahr, dass sie voll darin aufgehen und ihr Hauptziel aus den Augen verlieren.

Doktoranden aus meinen Gruppen, die sich auf eine solche qualifizierte Nebentätigkeit eingelassen hatten, beklagten häufig, die Arbeit habe sie so in Anspruch genommen, dass sie deswegen mit ihrer Dissertation nicht weitergekommen seien.

Es mag darüber hinaus auch den Jungakademiker geben, der eine vielversprechende Position in einem respektablen Unternehmen innehat und beschließt, nebenberuflich zu promovieren. Diesem wird es nicht an beruflicher Anerkennung fehlen. Er wird dafür Schwierigkeiten haben, die nötige Zeit für sein Projekt aufzubringen und ihm einen angemessenen Stellenwert einzuräumen. Die meisten von denen, die ich bisher kennen gelernt habe, liebäugelten lediglich mit dem Gedanken. Wer seinen Plan ernsthaft in die Tat umsetzen will, wird nicht darum herumkommen, zuallererst eine offizielle Regelung zu treffen, die es ihm ermöglicht, beruflich kürzer zu treten.

Zum Lebensstandard von Doktoranden

Abgesehen von den – auf Zeit – fest angestellten Wissenschaftlichen Assistenten leben die meisten Doktoranden in ziemlich bescheidenen Verhältnissen. Sie gehören zu den einkommensschwachen Gruppen. Ihr Lebensstandard ist entsprechend eingeschränkt und fällt gegenüber dem Durchschnitt ihrer Altersgruppe erheblich ab. Sie können sich viele Statussymbole wie zum Beispiel Auto, Eigentumswohnung, kostspielige Hobbys und teure Urlaubsreisen nicht leisten. Sie leben in ihrem fortgeschrittenen Alter noch immer in ganz ähnlichen materiellen Verhältnissen wie Studierende und setzen häufig auch den sozialen Lebensstil der Studentenzeit fort, beispielsweise das Wohnen in der offenen Form der Wohngemeinschaft. Viele der Doktoranden, mit denen ich gesprochen habe, hatten das Gefühl, dass sie mit ihrem niedrigen Einkommen einen hohen Preis für ihre Entscheidung zahlten.

Beispiel

• Eine Doktorandin, die vor ihrem Stipendium bereits mehrere Jahre einen qualifizierten Beruf ausgeübt hatte, sagte dazu:»Ich musste vieles dafür in Kauf nehmen und an Lebensqualität enorm zurückstecken. Ich musste mit sehr wenig Geld auskommen, es weiterhin in meiner sehr kleinen Wohnung aushalten. Einen Urlaub konnte ich mir in den letzten drei Jahren gar nicht leisten.«

Der materielle Lebensstandard von Doktoranden ist also in der Regel alles andere als prestigeträchtig. Auch fest angestellte Wissenschaftliche Assistenten sind nur eingeschränkt existenziell abgesichert – eben bis zum Ablauf ihres befristeten Vertrags. Infolgedessen sind sie ebenfalls gezwungen, ihre Ansprüche zurückzuschrauben und größere Investitionen auf später zu verschieben.

Rolle und Selbstverständnis von Doktoranden

Über das Gesagte hinaus gilt für alle Doktoranden gleichermaßen, dass ihre berufliche Zukunft noch völlig ungesichert ist. Ob die Promotion ihnen die Tür zu einer erfolgreichen Karriere öffnen wird, ist völlig ungewiss. Im Gegensatz zu früher ist der Doktorgrad heutzutage durchaus keine Garantie mehr für eine gehobene berufliche Laufbahn. Entsprechend tragen die Zukunftsaussichten nur wenig dazu bei, den Doktoranden in seinem Identitäts- und Selbstwertgefühl zu bestärken.

Auch die Solidarität und Identifikation mit Gleichgesinnten bringt wenig Bestätigung ein. Weder in der Universität noch außerhalb in der Gesellschaft treten Doktoranden als Status- oder gar Interessengruppe in Erscheinung. Sie werden in der Öffentlichkeit kaum wahrgenommen und haben entsprechend auch keine Lobby.

Wie gezeigt wurde, gibt es kein einheitliches Schema für die berufliche Tätigkeit und Rolle von Doktoranden. Man betrachtet sie ähnlich wie den freischaffenden Künstler oder den Privatgelehrten früherer Zeiten mit gemischten Gefühlen – zwar mit einem gewissen Respekt für ihre schöpferische Leistung, zugleich aber auch mit leichter Geringschätzung, weil sie nicht im normalen Berufsalltag stehen und keine Statussymbole vorzuweisen haben. Das beeinflusst sicher auch ihre sozialen Beziehungen.

Beispiel

• Mehrere Doktoranden berichteten darüber, dass ihr Freundeskreis sich seit ihrer Promotion verändert habe. Es seien mehr Leute in vergleichbaren Situationen hinzugekommen, beispielsweise freischaffende Künstler, selbstständig Tätige in der Kulturszene – Menschen also, die einen ganz ähnlichen, selbstbestimmten Alltag wie sie hätten.

Außenstehende haben meist ausgesprochen diffuse Vorstellungen davon, was ein Doktorand eigentlich tut. Es lässt sich schwer einschätzen, woran er arbeitet, wie viel er arbeitet, ob er überhaupt arbeitet und wenn ja, mit welchem Erfolg. Die Leistung wird erst dann von außen anerkannt, wenn die Promotion abgeschlossen ist und der Doktortitel den Namen ziert. Laien bringen in den seltensten Fällen inhaltliches Interesse für die Arbeit auf. Selbst das veröffentlichte Buch findet im Familien- und Freundeskreis meist nur recht oberflächlichen Beifall. Solange ein Doktorand seine Dissertation noch nicht eingereicht hat, steht er im zweifelhaften Ruf des ewigen Studenten – und damit letztlich auch des potenziellen Versagers.

Beispiel

- Doktoranden in meiner Gruppe erzählten häufiger, dass sie bei Familienmitgliedern auf Unverständnis stießen und beispielsweise zu hören bekamen:»Was, du studierst immer noch!?«,»Warum machst du denn so etwas? Was bringt dir das denn?« oder»Wird es nicht langsam Zeit, dass du dir einen anständigen Beruf suchst?« und besonders bei Doktorandinnen:»Wann bekommst du denn endlich Kinder?«.

Auch Eingeweihte, die besser einschätzen können, was wissenschaftliche Forschungsarbeit bedeutet, reagieren mit der Zeit skeptisch, wenn jemand den Abschluss seiner Dissertation immer wieder hinausschiebt. Sie bringen der Entscheidung für eine Promotion anfangs zwar noch ein gewisses Maß an Respekt und Anerkennung entgegen, glauben aber irgendwann doch nicht mehr so recht an das Motiv der wissenschaftlichen Neugier. Die Frage:»Wann bist du denn endlich fertig mit deiner Doktorarbeit?«, wird zunehmend häufiger mit argwöhnischem Unterton gestellt. Es schleicht sich der Verdacht ein, dass der Doktorand sich vielleicht doch nur vor den Anforderungen des Erwachsenenlebens drücken will. Für Altersgenossen, die mitten im Berufsleben stehen und sich an den Werten der Leistungsgesellschaft orientieren, wird der Doktorand zum weltfremden Kauz, den man nicht so ganz ernst nehmen kann.

Aufrichtige und uneingeschränkte Anerkennung wird der Doktorand nur von ganz wenigen»Wissenden« erfahren, die einschätzen können, welche Anforderungen eine Dissertation mit sich bringt. Das sind am ehesten diejenigen, die ihren Doktorgrad»in der Tasche haben«, und die Leidensgenossen – die anderen Doktoranden –, zu denen die meisten aber wenig Kontakt haben. In vielen Fällen nimmt selbst der Doktorvater nur oberflächlichen Anteil an der Arbeit.

Trotz allem – Doktorranden stehen zu ihrem Vorhaben

Das bisher Gesagte macht deutlich, dass die Bedingungen alles andere als günstig dafür sind, vor der Gesellschaft, aber auch in der eigenen Einschätzung gut dazustehen. Überspitzt formuliert könnte man folgern: Doktoranden müssen verrückt sein, wenn sie sich auf eine solche Lebenssituation einlassen. Offenbar gibt es aber doch einen Anreiz, der stark genug ist, um sämtliche Nachteile aufzuwiegen. Die meisten Doktoranden stellen ihre Doktorarbeit so sehr in den Mittelpunkt ihres Lebens, dass die anderen Aufgaben des Erwachsenenlebens daneben an Bedeutung verlieren. Lebensziele wie Familiengründung, Existenzsicherung und gesellschaftliche Integration rücken in die Zukunft. Wer noch nicht in einer festen Beziehung lebt, verschiebt oft sogar die Partnersuche oder die Entscheidung darüber, ob er eine Bindung eingeht, auf später und bleibt vorerst Single oder legt bestehende Beziehungen auf Eis.

Beispiele

- Die Doktorandin Myriam berichtet, sie sei ganz froh darüber gewesen, dass ihr Freund in einer anderen Stadt wohnte. Sie habe ihn nur jedes zweite Wochenende besucht und ihm dann von dem Frust mit ihrer Arbeit »vorgejammert«. Sie wundert sich nachträglich, wie er das ausgehalten hat.
- Eine andere Doktorandin stellt bestürzt fest, dass sie im Alter von 34 noch keinen festen Partner habe. Sie hat das starke Gefühl, dass ihr dadurch etwas fehle. Andererseits weiß sie nicht, wie sie einen Freund finden soll, wenn sie weiterhin durch Job und Dissertation völlig eingespannt und für eine neue Beziehung einfach nicht offen ist.
- Andere, wie zum Beispiel Katja, vertagen ihren Kinderwunsch oder – wenn sie bereits Familie haben – den Wunsch nach einem zweiten Kind, da sie sich nicht zutrauen, Doktorarbeit und Kind miteinander zu vereinbaren.
- Janine, die gerade ihre Promotion abgeschlossen hatte, erklärte dazu: »Kinder habe ich gänzlich abgeschrieben. Ich bin jetzt

32 Jahre. Wenn ich wissenschaftlich weiterkommen will, muss ich mich dranhalten mit der Arbeit an meiner Habilitation. In drei Jahren, wenn diese Stelle ausgelaufen ist, muss ich wieder eine neue Stelle finden. Mit Kind könnte ich das nie schaffen.«

* Auch bei den männlichen Doktoranden wird häufig das Ziel gemeinsamer Familienplanung mit der Lebenspartnerin erst einmal zurückgestellt, oder die damit verbundenen Pflichten werden gänzlich auf die Frau beziehungsweise Freundin abgewälzt.

Gemessen an den traditionellen sozialen Rollenerwartungen befinden Doktoranden sich tatsächlich in einem psychosozialen Moratorium noch vor dem Entwicklungsschritt zum gesellschaftlichen Erwachsenenleben. Dadurch gewinnen sie aber auch einen außerordentlichen Freiraum, in dem sie sich individuell schöpferisch betätigen und ihre intellektuelle Entwicklung selbstbestimmt fortsetzen können. Dadurch, dass sie ihre Arbeit autonom gestalten können, haben sie die Möglichkeit, sich zu einer eigenständigen wissenschaftlichen Leistung zu emanzipieren. Allerdings muss man sich schon in hohem Grad mit dem ideellen Wert wissenschaftlicher Arbeit identifizieren und sich von äußerer Anerkennung und Bestätigung innerlich unabhängig machen, um dieses Potenzial auch tatsächlich ausschöpfen zu können. Die meisten Doktoranden befinden sich jedoch durchaus in innerer Übereinstimmung mit ihrer selbst gewählten Tätigkeit und beziehen gerade daraus den Hauptanteil ihres Identitätsgefühls.

Die gestaltungsoffene Situation des Promovierens scheint auch für Menschen in späteren Lebensabschnitten, die beruflich bereits integriert und fest in soziale und familiäre Gefüge eingebunden sind, attraktiv zu sein. Sie eröffnet nicht nur neue Perspektiven der Selbstverwirklichung, sondern darüber hinaus auch die Möglichkeit, sich aus bestehenden Mustern zu lösen und die eigene Identität neu zu überdenken.

Beispiel

* So begründeten Doktoranden ihre Entscheidung, zu promovieren und dafür beruflich kürzer zu treten damit, dass sie sich aus

dem Alltagstrott ihres Berufslebens befreien und »endlich etwas
ganz Eigenes erarbeiten« wollten, etwas, das an ihre eigentlichen Interessen anknüpft und ihnen ein inneres Anliegen ist.
Manchmal ergeben sich daraus sogar weitere, radikale Verän-
derungen wie zum Beispiel die Beendigung einer Partnerschaft.

Dieser Eigenständigkeit und Autonomie von Doktoranden sind allerdings Grenzen gesetzt: Insbesondere die finanzielle Abhängigkeit von Eltern, Lebenspartnern oder sonstigen Unterhaltsquellen
führt, wie bereits angesprochen, immer wieder zu Konflikten.
Aber auch diejenigen, die beispielsweise eine verantwortungsvolle,
qualifizierte Lehrtätigkeit ausüben, erleben ihre Situation oft als
zwiespältig, weil sie ihre Leistung durch die geringe Entlohnung
entwertet finden.

Auch die Abhängigkeit von einer übergeordneten wissenschaftlichen Instanz, dem Doktorvater, wird oft als konfliktgeladen erlebt. Ein autoritäres Meister-Schüler-Verhältnis in diesem Bereich
schränkt die erlebte geistige Freiheit des Doktoranden empfindlich
ein. Es ist darum die wichtigste Herausforderung dieser Entwicklungsphase, sich daraus zu emanzipieren und eigene Standpunkte
zu beziehen.

Der Doktorand und seine Diss –
eine spannungsreiche Beziehung

Das Verhältnis des Doktoranden zu seiner Doktorarbeit ist eine
sehr persönliche, stark emotional geprägte Beziehung. Die Diss –
wie sie meist verkürzt und vielleicht auch verharmlosend genannt
wird – ist seine ständige Begleiterin; eine, die ihn ganz fordert, aber
auch ganz erfüllt. Sie steht über mehrere Jahre hinweg im Mittelpunkt seines Tuns und beherrscht sein Denken und Fühlen. Sie ist
der Brennpunkt seines Lebens.

Das klingt fast wie die Schilderung einer erotischen, leiden-
schaftlichen Beziehung zwischen Mann und Frau. Das Geschlecht
spielt in diesem Fall allerdings keine Rolle: Doktorandinnen ver-

schreiben sich ihrer Doktorarbeit mit dem gleichen Engagement und Gefühl.

Die Diss lässt ihren Autor auch dann nicht los, wenn er gerade nicht am Schreibtisch sitzt, sondern anderen Interessen nachgeht. Sie verfolgt ihn in seinen Gedanken und macht ihm ständig ein schlechtes Gewissen. Freizeit und Urlaub fallen ihr ohnehin ganz oder zumindest teilweise zum Opfer. Man gönnt sich allerhöchstens einmal einen Arbeitsurlaub, der meist weder besonders fruchtbar noch richtig erholsam verläuft.

Beispiel

- Alle von mir befragten Doktoranden und Doktorandinnen stellten fest, ihre Dissertation habe sehr viel Raum in ihrem Leben eingenommen. Sie habe ihre ganze Zeit gefordert. Alles andere, egal, ob es sich um persönliche Beziehungen, Interessen oder Verpflichtungen handelte, sei sekundär gewesen.

Ich habe bisher noch keinen Doktoranden getroffen, der eine völlig sachliche und neutrale Beziehung zu seiner Dissertation hatte und sie lediglich als ein Projekt unter vielen anderen betrachtete. Dass sie eine so zentrale Rolle spielt, liegt sicher nicht nur daran, dass andere wichtige Lebensaufgaben dieses Altersabschnitts ihretwegen auf später verschoben werden. Ein weiterer – vielleicht der wichtigste – Grund ist, dass sie im Zentrum des Ichs steht: Sie ist Herzensangelegenheit und intellektuelle Herausforderung zugleich.

Viele mussten erst hart darum kämpfen, sich endlich der Doktorarbeit widmen zu können. Sie haben sich zum Beispiel sehr darum bemüht, ein Stipendium zu erhalten oder sich anderweitig die Finanzierung zu sichern. Sie haben sich »Zeit frei geschaufelt« und diesen Freiraum gegenüber Partner und Familie verteidigt. Das gilt insbesondere für Doktorandinnen in festen familiären Beziehungen. Doktoranden nehmen es in Kauf, dass sie auf einen Teil ihres bisherigen Einkommens verzichten und ihren Lebensstandard senken müssen, um Zeit für ihre Diss zu gewinnen. Sie stehen Auseinandersetzungen mit dem Lebenspartner durch, der vielleicht gar nicht so begeistert von ihrem Vorhaben ist, und setzen notfalls sogar die Beziehung aufs Spiel. Auch sich selbst gegenüber sind sie kompromisslos und fordern sich bis an die Grenzen der Belastbarkeit.

Was sie antreibt, ist der Ehrgeiz, eine bedeutende wissenschaftliche Leistung hervorzubringen und dafür Anerkennung zu finden. Meist stellen sie dabei sehr hohe Ansprüche an sich selbst. Die Befragten äußerten folgende Erwartungen:

- Ihre Arbeit sollte eine »tiefgehende Analyse« werden,
- es sollten »neue und überraschende Erkenntnisse« darin gewonnen werden, oder
- sie sollte »eine originelle Sichtweise« eröffnen.
- Sie wollten etwas »ganz Eigenes« schaffen – mit ihrem eigenen, schöpferischen Werk ihre intellektuelle Kompetenz unter Beweis stellen;
- zugleich aber auch die offizielle Anerkennung der Institution Universität dafür erhalten.

Vorrangig ist dabei die Herausforderung, dem eigenen inneren Anspruch gerecht zu werden. Fast alle Doktoranden bewerten Wissen und Wissenschaft sehr hoch und streben danach, mit dem Werk ihr Ich-Ideal zur realisieren. Entsprechend stark identifizieren sie sich mit ihrer Doktorarbeit. Sie erwarten von sich selbst überdurchschnittliche, wenn nicht herausragende Leistungen und legen dabei meist übertrieben hohe Maßstäbe an.

Das Arbeiten selbst ist in der Regel positiv besetzt. Das gilt insbesondere, wenn es sich um ein selbst gewähltes Thema handelt. Vor allem in der Anfangsphase gehen die meisten Doktoranden mit echter Lust an die Arbeit, auch wenn daraus später gelegentlich eine ziemliche Quälerei werden kann. Viele der Tätigkeiten – wie die Beschäftigung mit Literatur und Theorien, das Konzipieren von Arbeitsentwürfen, das Sammeln von Ideen, das Schreiben – werden als in sich selbst befriedigend erlebt. Aber auch ein Thema, das man sich nicht selbst ausgesucht hat, kann dennoch eine intensive Arbeitsmotivation auslösen. Doktoranden sind meist so stark mit ihrem Tun identifiziert, dass ihre Dissertation zum »verlängerten Ich« wird und narzisstische Gefühle auf sich zieht – nach dem Motto: »Die Arbeit bin ich selbst.« Sie stecken enorm viel Energie in aufwändige Kleinarbeiten, die manchmal nur minimale Verbesserungen erbringen. Sie hängen an ihren einmal verfassten Arbeitsprodukten und können sich kaum von der ständigen Beschäftigung mit ihnen lösen. Nur den wenigsten gelingt es, eine kühle und objektive Distanz zu ihrer Arbeit einzunehmen. Kleine Erfolge lösen Euphorie und Größengefühle aus. Andererseits ist es ein schwerer Schlag für das Selbstwertgefühl, wenn man einmal nicht weiterkommt oder die Stimme des inneren Zensors Selbstzweifel verursacht – denn auf der Kehrseite der großen Erwartungen und hohen Ansprüche steht die Furcht vor vernichtender Kritik. Viele nehmen mögliche Einwände von außen vorweg, indem sie einen Hang zu ständiger Selbstkritik entwickeln. Ihr Selbstwertgefühl hängt sehr stark von den Erfolgserlebnissen und Rückschlägen bei der Arbeit ab und ist darum häufigen Schwankungen unterworfen. Jede Kritik von außen, aber auch von innen wird leicht als Kränkung empfunden. Mehr Austausch mit Gleichgesinnten könnte in solchen Fällen als Puffer wirken und helfen, das angeschlagene Selbstwertgefühl wieder ins Gleichgewicht zu bringen.

Da die Doktoranden mit ihrer Arbeit weitgehend allein sind und mit den Gedanken um sich selbst kreisen, verlieren sie sehr leicht die realistischen Maßstäbe. Sie denken nicht mehr daran, sinnvolle Kriterien wie Zweckrationalität und Leistung pro Zeit anzulegen. Je weiter die Arbeit voranschreitet, umso deutlicher wird der Verfasser sich ihrer Mängel und Schwächen bewusst. Dadurch fürchtet er sich immer mehr vor möglicher Kritik und versucht, dieser durch ständiges Überarbeiten zuvorzukommen. Er schreckt davor zurück, anderen seine Zwischenergebnisse zu zeigen, und schämt sich, Unzulänglichkeiten offenbaren zu müssen. Um Peinlichkeiten zu vermeiden, überarbeiten viele Doktoranden ihre Texte immer wieder und schreiben zahlreiche Neufassungen, ehe sie es endlich wagen, einen ersten Text »herauszugeben«. Geradezu zwanghaft gehen sie ihre Arbeitsschritte ständig aufs Neue durch und überprüfen sie, um ihren eigenen, inneren Perfektionsansprüchen gerecht zu werden. Sie schieben den Kontakt zur wissenschaftlichen Öffentlichkeit immer weiter hinaus und vermeiden es, sich an objektiven Kriterien zu messen, um sich vor schmerzlichen Erfahrungen zu schützen.

Viele Doktoranden sind sich über die objektiven Anforderungen an wissenschaftliche Arbeiten gar nicht im Klaren. Ihre eigenen, überhöhten Ansprüche beruhen eher auf Vermutungen als auf der Kenntnis wissenschaftlicher Kriterien.

Der ständige Kampf mit den Ansprüchen des Selbstideals und den Forderungen des Über-Ichs löst in fast jedem Doktoranden zumindest phasenweise nagende Selbstzweifel und Versagensängste aus. Und fast jeder war schon irgendwann einmal nahe dran, die Doktorarbeit hinzuwerfen.

Beispiele

- So stellt Christina in der Rückschau auf ihre Arbeit fest: »Selbstzweifel traten häufig auf. Ich dachte dann, ich bring das nicht fertig. Und solange die Dissertation noch nicht fertig ist, steht man da wie jemand, der es nicht schaffen kann, und fühlt sich als Versager.«
- Janine berichtet: »Man ist so sehr auf sich gestellt mit der Arbeit. Man muss alle Entscheidungen allein treffen. Keiner sagt einem, was richtig ist. Ich fühlte mich allein auch überfordert. Dann traten Selbstzweifel auf, ob ich es schaffe. Ich hatte Angst, auf Abwege geraten zu sein. Die Selbstzweifel waren das Allerschlimmste während meiner Promotion.«
- Katja äußert dazu: »Ich war sehr okkupiert von meiner Arbeit. Am meisten habe ich unter meinen ewigen Selbstzweifeln gelitten. Ich habe vieles, was ich geschrieben habe, wieder runtergemacht, vieles mehrfach geschrieben. Dann war doch das Erste besser. Schlimm war, dass ich mich nie so richtig entscheiden konnte. Das hat mich fertig gemacht.«

Die ständige Sorge, den Ansprüchen von außen nicht genügen zu können, bringt die Verfasser von Dissertationen dazu, ihre Gedanken immer wieder von neuem zu überprüfen und mögliche Einwände und Kritikpunkte im Voraus erkennen zu wollen. Die Darstellung soll am Ende wirklich hieb- und stichfest sein. Der Leistungsdruck, der daraus entsteht, kann leicht zur Hemmschwelle werden und behindert die Arbeit eher, als dass er sie vorantreibt.

Aus den Gesprächen mit Doktoranden ergibt sich noch ein weiterer wichtiger Aspekt: Die Orientierung am eigenen Selbstideal führt offensichtlich dazu, dass man sich kritisch mit sich selbst auseinander setzt und sich der eigenen Grenzen bewusst wird. Manchmal scheint die Selbstkritik jedoch viel zu streng und destruktiv auszufallen:

Beispiele

- Janine drückt es folgendermaßen aus:»Allein am Schreibtisch und abgeschieden von der Außenwelt ist man mit sich selbst konfrontiert, nur mit dem Ich. Man stößt dabei auf die eigenen Grenzen.«
- Katja erzählt:»Ich habe auch viel über mich selbst dabei erfahren: Ich habe gemerkt, dass ich mich doch sehr anstrengen muss, so herumknabbern muss, um was zustande zu kriegen. Das war für mich auch erschreckend, dass ich ganz ohne Austausch auch nur sehr begrenzt kreativ bin. Andere können das anscheinend besser.«
- Peter gesteht sich am Ende seiner Promotion ein:»Ich habe festgestellt, dass ich doch nicht *der* Wissenschaftler bin. Ich habe zwar ein wissenschaftliches Interesse, aber ich bin nicht derjenige, der so richtig hineinpasst in die Wissenschaft. Gerade das Schreiben liegt mir nicht so.«

Kritische Selbstprüfung ist notwendiger Bestandteil des Promotionsprozesses, aus dem man schließlich als eigenständiger Wissenschaftler hervorgehen soll. Aber wenn sie isoliert und ohne Austausch mit anderen stattfindet, kann sie sich leicht destruktiv entwickeln.

Letztendlich kann man sich von den Ängsten nur befreien, indem man sich der Beurteilung durch andere stellt und den Austausch sucht. Nur so kann man auch Bestätigung für seine Leistung erfahren – und das ist für ein starkes Selbstwertgefühl unentbehrlich.

Sicher kann es gelegentlich auch sinnvoll sein, abgeschottet im stillen Kämmerlein zu arbeiten. In diesem geschützten Rahmen

sind dem kreativen Denken keine Grenzen gesetzt; man kann sich
erlauben, spielerisch herumzuprobieren und kühne Fantasien aus-
zuspinnen, ohne sich gleich festlegen zu müssen. Das sollte jedoch
unbedingt auf bestimmte Phasen begrenzt werden.

Wissenschaftliche Arbeit muss sich der Anforderung stellen, Ergebnisse zu präsentieren, sie nachvollziehbar zu vertreten und Positionen überzeugend zu begründen. Das setzt voraus, dass man
sich auch gegenüber Einwänden und Kritik behaupten kann. Diese
Fähigkeiten lassen sich jedoch nur in der Kommunikation mit anderen lernen. Ohne Austausch und kritische Auseinandersetzung
mit der Außenwelt verliert man leicht den Kontakt zur Realität,
und es fehlen einem wesentliche Korrektive und Rückmeldungen.

Wer erfolgreich vorankommen, eine realistische Einschätzung
der eigenen Kompetenz entwickeln und ein stabiles Ich-Gefühl
aufbauen will, kommt letztendlich nicht darum herum, den
Schritt nach außen zu wagen und sich auf die Auseinandersetzung mit anderen Vertretern der Wissenschaft einzulassen.

Das Verhältnis zu Doktorvater
oder Doktormutter

Der Betreuer und spätere Gutachter der Doktorarbeit trägt auch
heute noch die traditionelle Bezeichnung »Doktorvater«. Inzwischen gibt es dazu auch die weibliche Form, die »Doktormutter«.
Zu den Aufgaben des Doktorvaters beziehungsweise der Doktormutter gehören Beratung und Betreuung sowie die abschließende
Begutachtung und Benotung der Dissertation. Letzteres ist eine
klar definierte Zuständigkeit. Die Funktion der Beratung und Betreuung ist dagegen relativ unbestimmt und wird in der Realität
sehr unterschiedlich ausgelegt und gehandhabt. Dabei stehen die
Erwartungen der Doktoranden meist im Widerspruch zu der Auf-
fassung ihrer Doktor-«Eltern«. Während der Doktorand sich häufig eine intensive Betreuung wünscht, sind die viel beschäftigten

Betreuer eher daran interessiert, ihren Zeitaufwand gering zu halten.

Unter anderem hat der Doktorvater (ich verwende im Folgenden der Kürze halber nur die männliche Form und beziehe sie auf beide Geschlechter) als fachliche Autorität und Repräsentant der Universität darüber zu entscheiden, ob der Doktorand die wissenschaftliche Befähigung zum Doktor besitzt. Das führt zu einem hierarchischen Gefälle in der Rollenkonstellation. Der Doktorvater verfügt über die Macht, den Doktoranden in die Elite der promovierten Wissenschaftler aufzunehmen oder ihn abzulehnen. Der Erfolg des Doktoranden ist nicht unwesentlich von seinem Urteil abhängig.

Über das strukturelle Machtgefälle hinausgehend legt auch die implizierte Vater-Sohn-Beziehung ein Abhängigkeitsverhältnis nahe. Diese doppelte Abhängigkeit kann zu einem kritischen Problemfaktor werden. In einer derartigen Konstellation ist es für beide Seiten schwer, ein partnerschaftliches Verhältnis aufzubauen. Am ehesten lässt sich daraus noch eine Art Lehrer-Schüler-Verhältnis entwickeln. Auch wenn der Altersabstand zwischen Betreuer und Doktorand nur gering ist, fällt es nicht leicht, auf einer gleichberechtigten Ebene miteinander zu kommunizieren.

Beispiel

• Ich erinnere mich, wie ein Freund mir einmal erzählte, das Verhältnis zu seinem Professor habe sich ganz enorm verändert, als er bei ihm mit der Promotion begann. Bis dahin habe eine freundschaftlich-kollegiale Beziehung bestanden, aber dann sei der Dozent im Umgang viel förmlicher geworden und habe den informellen Kontakt eingeschränkt. Man habe längst nicht mehr so ungezwungen miteinander diskutiert wie früher. Der Doktorand fühlte sich zunehmend von seinem Professor belehrt und gegängelt. Am Ende der Promotion war das Verhältnis richtig distanziert geworden.

Im Begriff Doktorvater schwingt das patriarchalische und meist auch autoritär geprägte Verhältnis viel stärker mit als in der Bezeichnung Doktormutter, die vergleichsweise unvorbelastet erscheint. Doktoranden, die noch auf der Suche nach einem Betreuer ihrer Dissertation sind, erhoffen sich häufig von einer Doktormutter – entsprechend dem mütterlichen Stereotyp – mehr emotionale Zuwendung und Anteilnahme. Die tatsächlichen Erfahrungen und Berichte von Doktoranden machen jedoch deutlich, dass es im Hinblick auf die Betreuung wenig geschlechtsspezifische Unterschiede gibt. Auch die Doktormutter wird über kurz oder lang in der inneren Welt der Doktoranden zu einer »männlich« geprägten Autoritätsfigur.

In den zugeschriebenen Elternrollen ist die ganze Widersprüchlichkeit angelegt, die im Prozess des Promovierens zum Tragen kommt. Das Verhältnis zum Doktorvater beziehungsweise zur Doktormutter gestaltet sich in der Realität ähnlich problematisch wie das zu den leiblichen Eltern in der Phase der Adoleszenz. Es ist fast immer eine Geschichte, die von Liebe und Enttäuschung, ernüchternder Erkenntnis und Ablösung geprägt ist und zu dramatischen – äußeren oder inneren – Kämpfen führt.

Zunächst ein Blick auf das Erleben von Doktoranden.

Wie Doktoranden ihre Doktor-»Eltern« erleben

Beispiele

- Monika hatte sich ihren Doktorvater zwar selbst ausgesucht, aber im Grunde hatte sie kaum eine andere Wahl. Sie erlebte die Beziehung zu ihm als relativ undramatisch. Sie beschreibt ihn als »wohlwollend und tolerierend«. Wie sie sagt, richtete sie auch keine großen Erwartungen an ihn. Allerdings klingt in ihrem Bericht doch Enttäuschung durch. »Mein Thema hat ihn nicht gerade brennend interessiert. Er war eher gleichgültig.« Sie hätte sich häufigere, regelmäßige Treffen und insgesamt eine kontinuierlichere Betreuung gewünscht. Sie kritisiert, dass die Gespräche mit ihm mitunter recht chaotisch verliefen: Er erinnerte sich manchmal nicht mehr an seine früheren Kommentare und kritisierte plötzlich etwas, das er einige Monate zuvor selbst vorgeschlagen hatte. Schließlich fiel auch die abschließende Benotung im Vergleich zu früheren Beurteilungen enttäuschend aus. Monikas Rückzug in Distanzierung und Abwertung seiner Person wird an folgenden Aussagen deutlich:»Als Person war er nicht so richtig wichtig für mich. Ich habe ihn nicht als Autorität auf dem Gebiet eingeschätzt. Er hatte eine Sprache, die ihn ungreifbar machte. Er war nicht authentisch mit dem, was er vertreten hat, nach dem Motto, ›Sie haben Wasser gepredigt und Wein getrunken‹.«

- Janine erwartete von ihrer Doktormutter nicht nur fachliche Unterstützung, sondern auch Rückhalt. Sie lobt, wie die Professorin sich für sie einsetzte, als sie ein Stipendium beantragte. Rückblickend äußert sie sich erstaunt darüber, dass ihre emotionale Verstrickung so stark war. Was ihr positiv in Erinnerung geblieben ist, sind die langen, ausgesprochen ermutigenden Gespräche mit ihrer Doktormutter. Sie hätten ihr starken Auftrieb gegeben. Während der Arbeit hatte sie häufig den Wunsch, jemand möge ihr aus der Unsicherheit heraushelfen und sagen, was richtig und falsch sei. Allerdings kritisiert Janine das Ungleichgewicht der Bedeutung dieser Gespräche:»Fur die Professorin waren es alltägliche Gespräche, für mich hatten sie einen enormen Stellenwert: Nach mehreren Monaten allein mit der Diss ein Gespräch mit ihr. Sie war der einzige Ankerpunkt zum Leben außerhalb. Jedes Lob und jede Kritik von ihr war von größter Bedeutung. Ich war richtig ausgetrocknet und gierig nach Feedback.« Kritisch merkt sie dazu an, dass man als Doktorand den Betreuer übergroß wahrnimmt und sich ihm gegenüber recht klein fühlt. Aber sie hat auch den Punkt des»Umschlagens« erlebt, von dem an sie dachte,»da kommt keiner mehr mit« – auch der Prof nicht.»Auf dem kleinen Teilgebiet kennt man sich dann einfach besser aus, ist man auch überlegen. Da kann einem keiner mehr einen guten Rat geben oder sagen, was richtig und falsch ist. Irgendwann ist ein Punkt erreicht, wo man wirklich allein gehen muss, wo man sich trauen muss, sich auf sich selbst zu verlassen.« Sie bezeichnet dies als ihren Abnabelungsprozess und findet, sie sei bei ihrer Doktorarbeit erwachsener geworden. Rückblickend bezeichnet sie die Beziehung zur Doktormutter als ein»komisches Missverhältnis«: »Einerseits muss man sich als ganz selbstständig erweisen, an-

dererseits ist man aber doch sehr auf den Doktorvater beziehungsweise die Doktormutter angewiesen.«
- Katja erlebte ihren Doktorvater als sehr widersprüchlich: Einerseits habe er Hilfsbereitschaft signalisiert, andererseits aber
gleichzeitig auch vermittelt: »Ich mag mich nicht kümmern, löse
dein Problem selbst!« Wenn sie ihm Teile ihrer Arbeit zu lesen
geben wollte, um seine Meinung dazu zu erfahren, habe er beispielsweise nur befremdet und abwehrend gefragt: »Was soll ich
denn damit?« Er habe einerseits ein persönliches Verhältnis angeboten, sich andererseits aber auch schnell wieder zurückgezo-
gen. Sie erlebte das Ganze als ein Wechselbad der Gefühle. Er
habe überhaupt nichts von ihr verlangt, was ihr in gewisser Weise entgegenkam. Andererseits hätte sie sich schon einen regelmäßigen, monatlichen Besprechungstermin und konkretes
Feedback gewünscht. Ihrer Beziehung habe eine klare Struktur
gefehlt. Sie habe sich nie so richtig verstanden gefühlt. Die Widersprüchlichkeit, die ihr an seinem Verhalten Schwierigkeiten
bereitete, scheint allerdings auch mit ihren eigenen, widersprüchlichen Erwartungen zu tun zu haben. Sie wollte für sich
Distanz haben und bei ihrer Arbeit nicht gestört werden, war
aber zugleich enttäuscht über seine passiv abwartende Haltung
und sein fehlendes Interesse.

Anscheinend sind hier zwei ganz ähnlich strukturierte Personen zusammengetroffen, die sich zwar näheren Kontakt wünsch-
ten, aber auch ängstlich davor zurückwichen. Katja sieht eine
Parallele zu ihrer Beziehung mit ihrem verstorbenen Vater. Ihm
gegenüber sei sie auch vorsichtig und zurückhaltend gewesen:
»Man konnte nie wissen, auf welchem Fuß man ihn erwischt.«

Für alle Doktoranden ist der Doktorvater eine ganz zentrale und
bedeutende Person. Von ihm als akademischer Autorität und Repräsentanten der Universität wünscht man sich fachliche Anerkennung für die eigene wissenschaftliche Arbeit, aber auch die persönliche Bestätigung dafür, dass man diese Arbeit gut macht. Auf ihn
richtet sich das Bedürfnis nach Beratung, manchmal auch nach
Anleitung und Orientierung, sowie der persönliche Wunsch nach
emotionaler Unterstützung und Bestätigung. Auch das Bedürfnis
nach Kontakt und Anschluss spielt eine Rolle, denn man möchte

ihm, mit dessen Bild man sich identifiziert hat, möglichst nahe sein und ihm gefallen. Er ist für die meisten Doktoranden der ständige heimliche Adressat, an den sie denken, während sie an ihrer Arbeit schreiben. Sie möchten seinen Ansprüchen auf jeden Fall genügen. Wenn der Doktorvater stattdessen mit Desinteresse auf die vorgelegten Zwischenergebnisse reagiert, empfindet der Doktorand das als Enttäuschung und Kränkung. Erlebt er dann noch im Doktoranden-Kolloquium, dass anderen Arbeiten größere Aufmerksamkeit entgegengebracht wird, kann er das leicht als persönliche Ablehnung auffassen. Daraus entstehen dann Aggressionen gegenüber den Rivalen sowie Wut auf den Doktorvater.

Erwartungen an den »Übervater«

Wenn man sich bei der Arbeit am Schreibtisch isoliert fühlt und angesichts der vielen Entscheidungen, die man allein zu treffen hat, an Unsicherheit leidet, wünscht man sich tatkräftige Hilfe vom Doktorvater. Man möchte ihn immer wieder um Rat fragen und seine Zustimmung hören.

Beispiel

• »Ideal wäre es«, wie eine Doktorandin es scherzhaft ausdrückte, »wenn er im selben Haus gleich nebenan wohnen würde und man ihn sofort aufsuchen könnte, wenn man eine Frage hat.« Tatsächlich hat sie sich jedoch bisher zu noch keinem einzigen persönlichen Einzelgespräch mit ihm getraut, obwohl sie seit fast zwei Jahren an ihrer Dissertation arbeitet. Sie hat ihm ihre Arbeit lediglich im Rahmen des Doktoranden-Kolloquiums präsentiert.

Die tatsächlichen Erwartungen fallen jedoch wesentlich bescheidener aus. Manche wünschen sich alle drei bis vier Monate ein Gespräch mit ihrem Doktorvater, andere alle vier Wochen. Meistens müssen die Doktoranden sich selbst um einen Termin bemühen. Nur wenige Doktorväter scheinen die Aufgabe der Betreuung von sich aus aktiv und kontinuierlich wahrzunehmen.

Manchmal geraten Doktoranden in Situationen, in denen sie sich dringend Hilfe wünschen: zum Beispiel dann, wenn sie völlig verunsichert darüber sind, welche Sicht nun die »richtige« ist, oder wenn ihnen ihr Arbeitsergebnis auf einmal völlig banal vorkommt. Letzteres ist häufig gerade dann der Fall, wenn man eine Sache bis ins letzte Detail durchdacht hat. In solchen Situationen wünscht man sich den großen, überlegenen Experten herbei, aber auch den mächtigen Vater, der einen an der Hand nimmt und einem aus der Klemme hilft.

Aus übergroßem Respekt vor der überlegenen Fachautorität schrecken viele Doktoranden jedoch davor zurück, die kostbare Zeit des Betreuers tatsächlich in Anspruch zu nehmen. Oft fürchten sie, dass sie nicht genug vorzuweisen hätten.

Beispiel

- Eine Doktorandin sagt dazu: »Ich gehe lieber erst dann hin, wenn ich was Vorzeigbares stehen habe.« Dabei liegt schon über die Hälfte ihrer Kapitel in Rohfassung vor.

Viele halten ihre halb fertigen Ergebnisse lange Zeit schamhaft zurück, weil sie ihnen noch nicht gut genug erscheinen und sie fürchten, die Präsentation könnte peinlich werden.

Treffen mit dem Doktorvater oder der Doktormutter werden zwar herbeigesehnt, zugleich aber auch gefürchtet. Sie haben deutlichen Prüfungscharakter:

Beispiel

- Maya berichtet hierzu, dass sie immer großes Lampenfieber habe und unter starker Anspannung stehe. Besonders zu Anfang, als sie sich noch sehr unsicher fühlte, war sie dann »schweißgebadet«, wenn sie mit ihm sprach. Sie fürchtete: »Wenn ich mich offenbare, dann klingt es vielleicht zu dämlich und er ist ganz enttäuscht von mir.«

Der Doktorvater fungiert als Instanz, an der man prüfen möchte, ob man den eigenen Ansprüchen tatsächlich genügt. Auf ihn werden die meist überhöhten Maßstäbe projiziert. Das eigene Selbstwertgefühl hängt dann ganz entscheidend von seiner Beurteilung ab. Ein anerkennendes Wort des Doktorvaters weckt Stolz und freudige Erregung, während manchmal schon die leiseste Kritik große Verunsicherung und Niedergeschlagenheit auslöst.

Beispiele

- In meinen Doktoranden-Gruppen kommt es häufiger vor, dass ein Teilnehmer mit heftigen Emotionen über ein enttäuschendes Gespräch mit dem Doktorvater berichtet. Wenn der Betreffende dann die kritische Bemerkung, die er als geradezu abgründige Missbilligung und Ablehnung erlebt hat, wiedergibt, sehen die anderen darin häufig nicht mehr als einen sachlichen Hinweis ohne jede Wertung.
- Oft löst es helle Empörung aus, wenn ein Doktorvater zum Beispiel auf einmal etwas moniert, was er beim vorigen Mal unbeanstandet hat durchgehen lassen.
- Seine Aussagen werden häufig auf die Goldwaage gelegt und überinterpretiert. Die Gruppe erweist sich dabei als wertvolles Korrektiv, das dabei hilft, die Dimensionen wieder zurechtzurücken.

Überempfindlichkeit gegen Kritik deutet auf ein unsicheres Selbstwertgefühl hin. Wer sich ständig an unrealistischen Idealvorstellungen misst, entwickelt zwangsläufig Unzulänglichkeitsgefühle.

Ablösung und Emanzipation

Irgendwann kommt es dann jedoch zu dem Wendepunkt, den Janine beschreibt – nämlich dann, wenn man als Doktorand zu begreifen beginnt, dass der Doktorvater einem gar nicht so haushoch überlegen ist, wie man angenommen hatte; wenn man merkt, dass man selbst auf dem betreffenden Gebiet über größeres oder zumindest gleichwertiges Wissen verfügt.

Wenn man sich dessen bewusst wird, dass man die eigene Kompetenz inzwischen erheblich erweitert hat, setzt der Prozess der Emanzipation ein. Sein Ziel ist Autonomie und eigenständige Positionierung. In manchen Beziehungen führt der weitere Weg dorthin allerdings zu heftigen Konflikten, denn so mancher Doktorvater erweist sich durchaus nicht als kluger und verständnisvoller Vater, sondern versucht, seine Machtposition zu behaupten, indem er seine Autorität ausspielt.

Es fällt sehr schwer, sich aus der Bindung an eine mächtige Elternfigur zu lösen und Ablehnung zu riskieren, wenn das Selbstbewusstsein von Zweifeln erschüttert ist und man nach wie vor das Bedürfnis nach Anerkennung hat. Immerhin handelt es sich beim Doktorvater ja auch um ein Vorbild, dem man nacheifert. Die Identifikation mit der überlegenen Autoritätsfigur macht es umso schwerer, den eigenen Weg zu gehen und sich selbst zum Doktor zu emanzipieren.

Während in den Geistes- und Gesellschaftswissenschaften konflikthafte Auseinandersetzungen hauptsächlich aus wissenschaftlichen Meinungsverschiedenheiten heraus entstehen, treten die Konflikte in den naturwissenschaftlichen Fächern eher im Zusammenhang mit den Arbeitsbedingungen auf. Doktoranden, die in einem Forschungsprojekt mitarbeiten, bekommen dabei von ihrem Betreuer Aufgaben zugewiesen, die nicht immer in ihrem eigenen Interesse liegen oder die ihren eigenen Vorstellungen zuwiderlaufen. Dazu zwei Beispiele:

Beispiele

- So wird zum Beispiel in einem biologisch-ökologischen Forschungsprojekt zur Aufzucht einer vom Aussterben bedrohten Fischart ein bestimmtes Messverfahren zur Feststellung der Fütterungsverwertung angeordnet. Es handelt sich um eine Methode, auf die der Doktorvater sich spezialisiert hat, die dem Doktoranden aber zu einseitig erscheint. Seine Einwände werden beiseite geschoben. Der Doktorvater erwartet von ihm möglichst schnell Ergebnisse, weil er diese auf einer bevorstehenden Konferenz vorstellen will.

• Eine Doktorandin, die in ihrer Dissertation im Fach Psychologie die Faktoren von Prüfungsangst untersucht und sich dabei schwerpunktmäßig auf die kognitiven Angsttheorien stützt, klagt darüber, dass sie sich in einem Kapitel entgegen ihrer Absicht ausführlich mit dem psychoanalytischen Ansatz auseinander setzen soll, weil ihr Doktorvater das so will.

In beiden Fällen kam es zu Auseinandersetzungen mit Verärgerung auf beiden Seiten. Der eine Fall endete sogar mit der Suche nach einem anderen Doktorvater.

Manche Doktoranden schaffen trotz belastender Konflikte nicht den Schritt, sich von ihrem Doktorvater zu trennen. Sie sind eher bereit, ihre Leidensgeschichte fortzusetzen, als sich einen neuen Betreuer zu suchen. Allerdings darf man dabei nicht übersehen, dass es sich nicht ausschließlich um eine psychologische Abhängigkeit handelt. Immerhin verfügt der Doktorvater darüber hinaus über ganz konkrete Machtmittel, die über die weitere Karriere des Doktoranden entscheiden können. Das betrifft nicht nur die Benotung der Doktorarbeit, sondern auch weitere Beurteilungen und Empfehlungen für zukünftige Stellenbewerbungen, Anträge zu Forschungsprojekten und andere konkrete Unterstützungsmaßnahmen. Es steht also einiges auf dem Spiel, wenn man als Doktorand den Kampf um die Selbstbehauptung wagt. Aber hier verhält es sich ähnlich wie beim Eintritt in die Entwicklungsphase der Adoleszenz:

Der Prozess der Promotion zielt letztlich darauf ab, sich von den mächtigen Autoritätsfiguren zu lösen und zu Autonomie und Selbstachtung zu finden.

Fazit: Wie Sie sich wappnen können

Das erste Kapitel hat Ihnen vor Augen geführt, dass Sie einiges auf sich nehmen müssen, wenn Sie sich für eine Promotion entscheiden beziehungsweise schon entschieden haben. Der Weg zum Doktortitel ist lang und manchmal quälend. Sie werden Frustrationen, innere Kämpfe und gesellschaftliche Nachteile zu ertragen haben. Es gibt aber auch angenehme Erlebnisse, zum Beispiel höchst befriedigende Gefühle der eigenen Kompetenz. Sie können auftreten,

- wenn Sie meinen, eine komplizierte Sache endlich durchdrungen zu haben,
- wenn Sie bei der Analyse Ihrer Quellen auf ganz überraschende Ergebnisse gestoßen sind,
- wenn Ihnen bei der Abfassung eines Kapitels die Darstellung Ihrer Gedanken besonders gut gelungen ist,
- wenn Sie nach einer Unterredung mit Ihrem Doktorvater und Gutachter voller Stolz feststellen, dass es ein tolles Fachgespräch war,
- wenn Sie wahrnehmen, dass Sie sich auf Ihrem Gebiet inzwischen sehr gut auskennen und zum Beispiel als Experte zu einer Konferenz eingeladen werden.

Das Kapitel 1 sollte Ihnen aber auch die heiklen Faktoren an der Situation des Doktoranden aufzeigen, damit Sie sich gegen das Risiko wappnen können, sich daran aufzureiben oder gar daran zu scheitern.

Wenn Sie sich zur Promotion entschließen, treten Sie damit in einen neuen Lebensabschnitt ein. Die Doktorarbeit spielt fortan die dominante Rolle. Andere Lebensziele und soziale Beziehungen treten zwangsläufig in den Hintergrund. Sie werden materielle und soziale Einschränkungen hinnehmen und mit der Statusunsicherheit des Doktoranden zurechtkommen müssen. Dazu kommt der Mangel an gesellschaftlicher Anerkennung, der daraus entsteht, dass Sie noch nicht den altersgemäßen Rollenerwartungen entsprechen.

Sie werden in Ihrer Arbeitssituation über weite Strecken die Einsamkeit des Einzelkämpfers und den Mangel an Kommunikation ertragen müssen. Sie werden dabei an die Grenzen Ihrer eigenen Fähigkeiten stoßen und Wege finden müssen, mit Ihren Selbstzweifeln und inneren Kämpfen fertig zu werden. Und Sie werden in der Beziehung zu Ihrem Doktorvater Ihre eigene Position behaupten und verteidigen und Ihre Autonomie selbst erringen müssen. Andererseits werden Sie auch über einen großen Freiheitsspielraum verfügen, den Sie für einen unkonventionellen und individuellen Lebensentwurf auf Zeit nutzen können. Die Chance, Ihren eigenen wissenschaftlichen Interessen nachzugehen und das »Projekt Doktorhut« in Eigenregie durchführen zu können, stellt auch eine Herausforderung dar. Indem Sie Ihr Projekt bewältigen und dabei Hindernisse überwinden müssen, werden Sie zugleich daran wachsen und eine neue Identität ausbilden. Das gestärkte Selbstvertrauen und die errungene Eigenverantwortlichkeit als Mitglied der Scientific Community werden eine zentrale Rolle darin spielen.

Trotz aller reizvollen Herausforderungen ist festzuhalten, dass der Weg steinig und hart ist. Ich bin der Meinung, dass er außerdem reformbedürftig ist. Aber darüber zu reflektieren, hilft Ihnen im Moment wenig.

Was Ihnen dabei helfen kann, die Anforderungen und Schwierigkeiten besser zu bewältigen, werde ich Ihnen in den folgenden Kapiteln nahe bringen. Vorweg ein Ausblick auf die wichtigsten Empfehlungen:

Tipps

- Machen Sie aus Ihrem zunächst globalen Vorhaben ein systematisch geplantes Arbeitsprojekt, und wenden Sie darauf die Regeln der realistischen Arbeitsplanung an.
- Schaffen Sie sich einen verbindlichen Zeitrahmen, und strukturieren Sie Ihren Arbeitsalltag. Gestalten Sie ihn anregend und motivationsfördernd.
- Gehen Sie überlegt und systematisch an die Themensuche heran, und definieren Sie eine gut zu bearbeitende Fragestellung. Schreiben Sie ein Exposé als Grundlage des Projekts.
- Machen Sie sich mit den reizvollen und nützlichen Techniken des kreativen wissenschaftlichen Schreibens vertraut, und wenden Sie diese auf Ihr Schreibprojekt an.
- Nutzen Sie die Übungsmöglichkeiten – wie Schreibübungen und Rollenspiele –, um Ihre eigene Position zu finden und zu

festigen. Üben Sie das Präsentieren Ihrer Arbeitsergebnisse, auch im offiziellen Rahmen. Proben Sie die wissenschaftliche Auseinandersetzung mit Ihren Gutachtern und anderen Kommunikationspartnern.

• Bemühen Sie sich von Anfang an um Kontakte zu anderen wissenschaftlich tätigen Kollegen, Kooperationspartnern und Beratern. Reden Sie überhaupt möglichst viel über Ihre Arbeit.

• Suchen Sie den Erfahrungsaustausch mit »Leidensgenossen«, und organisieren Sie selbst Möglichkeiten der gegenseitigen Unterstützung.

2

Die Doktorarbeit »managen« – Projektmanagement und Arbeitsplanung

Das Ziel, die Doktorarbeit zu »managen«, wird Ihnen vielleicht sonderbar oder gar befremdlich vorkommen. Es wirkt prosaisch, viel zu rational und technisch. Es steht im Widerspruch zu der verbreiteten Meinung, man müsse sich zuerst sehr gründlich in die Wissenschaft vertiefen und unvoreingenommen bereit sein, etwas Neues zu entdecken, was man gar nicht vorhersehen kann. Skeptiker werden fragen: Lässt sich ein solches Projekt »managen«? Muss man nicht ins Ungewisse aufbrechen und den ganzlich offenen Fragen folgen? Aber gerade in solchen Vorstellungen liegt die Tücke. Man läuft dadurch Gefahr, dass das Vorhaben aus dem Ruder gerät und man letztendlich sein Ziel nicht erreicht, sondern trotz aller Anstrengung auf der Strecke bleibt. Nur allzu viele Promotionsprojekte werden erfolglos abgebrochen. Das können Sie vermeiden, indem Sie von Anfang an mit planender Vernunft an das Projekt herangehen. Statt sich naiv-optimistischer Entdeckerlaune hinzugeben, sollten Sie bestrebt sein, sich möglichst frühzeitig Klarheit über Ihre Ziele zu verschaffen und sich an zweckrationalen Kriterien zu orientieren.

Wie man dabei vorgeht, zeigt Ihnen dieses Kapitel. Es wird zunächst auf den Umgang mit Zeit eingehen, der für viele Doktoranden eine große Problemquelle ist. Sie selbst sollen dadurch lernen, derartige Probleme zu vermeiden oder zu überwinden.

Anschließend wird deutlich werden, wie wichtig ein rationales Projektmanagement ist. Sie werden zunächst einen klärenden Überblick über die notwendigen Phasen des Projekts vermittelt bekommen. Anschließend lernen Sie die Prinzipien von Zeitmanagement und realistischer Arbeitsplanung kennen. Diese bilden den

Mittelpunkt des Kapitels. Sie werden lernen, Arbeitszeit als eine wertvolle und begrenzte Ressource zu betrachten, mit der man zweckrational umgehen sollte. Anhand verschiedener Empfehlungen sollen Sie anschließend in der Lage sein, Pläne aufzustellen, die Sie auch tatsächlich erfüllen können.

Ihre Aufmerksamkeit wird darauf gelenkt, verbindliche Arbeitsziele zu stecken, die von außen kontrolliert werden, und auf nützliche und verwertbare Ergebnisse hinzuarbeiten.

Außerdem wird das Kapitel Ihnen deutlich machen, dass Kontrolle besser ist als optimistisches Vertrauen in den selbsttätigen Fortschritt. Es legt Ihnen die Anwendung eines Promotionscontrollings nahe.

Abschließend werden Sie viele Tipps zur Gestaltung Ihres Arbeitsalltags erhalten, die bereits von Doktoranden erprobt und weiterempfohlen wurden.

Vom Leid mit der Zeit – warum die Diss oft Jahre verschlingt

Eine Doktorarbeit zu verfassen, ist ein sehr zeitaufwändiges Unternehmen. Insbesondere die Doktoranden selbst unterschätzen dies häufig. An ihrem Umgang mit Zeit fällt Folgendes auf:

Checkliste

✔ Doktoranden verwenden sehr viel Zeit auf ihre Dissertation. Meist sind sie über viele Jahre hinweg mit ihr beschäftigt.

✔ Sie gehen verschwenderisch mit ihrer Zeit um. Sie halten sich viel zu lange mit einzelnen Tätigkeiten wie zum Beispiel der Literatursuche und dem Lesen auf.

✔ Sie investieren zu viel Zeit in Nebensächlichkeiten und formale Details.

✔ Ihre Zeitangaben zu Terminen und Fristen, bis zu denen sie

Teile ihrer Arbeit fertig haben wollen, sind vage und ausweichend. Und wenn sie klarer sind, werden sie nie eingehalten. Der endgültige Abgabetermin wird immer wieder hinausgeschoben.

✔ Sie erwecken nie den Eindruck, unter Zeitdruck zu stehen, weil sie sich selten eine ernsthafte Deadline setzen.

Doktoranden haben offenbar ein recht merkwürdiges Verhältnis zur Zeit: Sie scheinen unbegrenzt viel Zeit für ihre Doktorarbeit zu haben oder mit ihr wie in einem zeitlosen Raum zu leben. Zeit scheint einfach keine Kategorie zu sein – Zeitökonomie ebenso wenig. Gegenüber anderen Lebenszielen – wie zum Beispiel gemeinsamen Vorhaben mit dem Partner – hat die Dissertation sowieso den Vorrang. Sie steht, wie in Kapitel 1 aufgezeigt, im Mittelpunkt des Lebens. Dabei gerät eine grundlegende Tatsache meist völlig aus dem Blick:

Zeit ist ein knappes Gut. Die Zeit, die Sie für Ihre Promotion aufwenden, ist ein Teil Ihrer – endlichen! – Lebenszeit.

Doktoranden klagen häufig darüber, dass sie mit ihrer Arbeit nicht vorankommen und ihre Zeit nicht gut genug nutzen. Wenn man einmal genauer nachforscht, wird deutlich, dass sie nur äußerst unklare Ziele und vage, diffuse Vorstellungen davon haben, wie sie ihr Thema bearbeiten wollen. Sie vermeiden es, klare Aussagen über die Ergebnisse ihrer Arbeitsschritte oder auch nur über ihre diesbezüglichen Erwartungen zu machen: So können sie zum Beispiel »noch gar nicht sagen«, ob dieser Schritt der Literaturrecherche »etwas bringt«, beziehungsweise sie »müssten erst mal sehen, ob dieser Ansatz weiterführt«, und so fort. Dabei spielt die Furcht mit, sich ja nicht zu frühzeitig auf ein bestimmtes Vorgehen festzulegen und alternative Ansätze nicht voreilig auszuschließen. Viele schrecken davor zurück, frühzeitig Eingrenzungen vorzunehmen und Positionen zu beziehen, weil sie Angst haben, den wissenschaftlichen Ansprüchen nicht zu genügen. Diese Vermeidung führt dazu, dass ihre Zielvorstellungen sehr lange übermäßig komplex und schwer fassbar bleiben. Arbeitsziele und -schritte bleiben infolgedessen vage. Entsprechend lässt sich auch kaum ein Zeitrahmen bestimmen. Die Doktoranden projizieren auf ihre lediglich globale Projektplanung überzogene Ansprüche und Erwartungen, die sie meist nicht kritisch hinterfragen. Sie glauben, etwas Besonderes und Großes schaffen zu müssen. Worin die außergewöhnliche Leistung bestehen soll, ist ihnen allerdings selbst noch nicht klar und lässt sich folglich auch schwer umreißen. Dem hohen Anspruch zu genügen, erfordert jedenfalls viel Zeit. Nur selten stellt ein Doktorand sich die Frage, ob er tatsächlich bereit ist, das dafür erforderliche Maß an Zeit, die Teil seiner Lebenszeit ist, zu investieren. Er tut es einfach.

Ein Projekt, das in seinen Zielen und Schritten unbestimmt, aber gleichzeitig höchst anspruchsvoll ist, nimmt leicht monströse Züge an. Es beherrscht den Doktoranden, statt von ihm beherrscht zu werden. Man gewinnt sehr häufig den Eindruck, dass Doktoranden ihr Projekt nicht im Griff haben, das heißt es nicht in angemessener Weise selbst steuern. Außerdem fehlt den meisten von ihnen eine Fähigkeit, die man *Zeitsouveränität* nennen kann.

Zeitsouveränität zu besitzen bedeutet,

- seine Zeit für das Erreichen eigener wichtiger Ziele nutzen zu können,
- Zeitbewusstsein zu haben, das heißt einschätzen zu können, wie viel Zeit man jeweils für bestimmte Aktivitäten benötigt,
- und generell ökonomisch mit seiner Zeit umzugehen.

Zeitsouveränität macht Sie zum Herren beziehungsweise zur Herrin über Ihre Zeit. Sie verhindert, dass Sie sich vom »Lauf der Dinge« mitreißen und beherrschen lassen.

Die Sache anpacken – vom Vorhaben zum Arbeitsprojekt

Wenn Doktoranden in ängstlicher Ergebenheit gegenüber ihrer Doktorarbeit verharren, dann laufen sie Gefahr, ihr Projekt zu keinem befriedigenden Ende zu führen. Wie viele Doktorarbeiten, die so verheißungsvoll als kühner Entwurf beginnen, bleiben letztendlich unvollendet und hinterlassen beim Doktoranden ein Gefühl des Scheiterns und anhaltende Selbstvorwürfe! Die beste Idee nützt nichts, wenn sie nicht bis zur konkreten Ausführung durchdacht wird. Großartige Pläne mit beeindruckend hohem Anspruchsniveau führen nach anfänglichen Höhenflügen leicht zur Überforderung. Wenn es dem Verfasser trotzdem gelingt, sein Werk zu Papier zu bringen, gerät es häufig so komplex und umfangreich, dass der Doktorvater auf Kürzung besteht und sich später kein Verlag finden lässt, der es veröffentlichen will.

Ohne klare Regieführung und Steuerung sind Umwege, Sackgassen und fruchtlose Eigendynamik nicht zu vermeiden. Es kommt entscheidend darauf an, das Projekt Doktorarbeit von der Ebene hochfliegender Pläne auf den Boden der nüchternen Realität herunterzuholen und genau zu prüfen, was davon »machbar« – umsetzbar – ist. Dieser Schritt führt nicht nur zu einer heilsamen Entmystifizierung, sondern verleiht dem Arbeitsprozess auch den Charakter wissenschaftlicher Forschungstätigkeit.

Machen Sie aus Ihrem Vorhaben ein Arbeitsprojekt! Setzen Sie von Beginn an auf kritische Vernunft, gehen Sie planvoll und zielgerichtet vor. Wissenschaftliche Erkenntnis fällt einem nicht auf geheimnisvolle und überraschende Weise zu, sondern erfordert viele einzelne, wohl durchdachte und systematisch ausgeführte Handlungsschritte.

Wenn aus dem Vorhaben zu promovieren ein fertige Doktorarbeit hervorgehen soll, dann ist es notwendig, das Projekt »konkret zu machen«, das heißt es von der Ebene der vagen, überhöhten Vorstellungen herunterzuholen und es zu einem ganz normalen Arbeitsprojekt zu wenden.

Das Projekt zu konkretisieren verlangt von Ihnen,

- die Ziele der Arbeit zu formulieren und festzulegen,
- die Wege dahin, die Arbeitsschritte, zu bestimmen und
- die Kriterien für das Erreichen der Ziele zu definieren.

Auf dieser Grundlage kann man dann auch den nötigen Zeitaufwand bestimmen und Termine für das Erreichen bestimmter Ziele festlegen. Erst indem man das Vorhaben zu einem detailliert geplanten Arbeitsprojekt macht, wird daraus ein realisierbares Werk mit einem erreichbaren Ziel. Der entscheidende Schritt ist dabei die pragmatische Frage: »Wie mache ich es konkret?« Das gilt bereits für die allererste Phase der Bearbeitung, in der die Vorstellung vom Gegenstand der Arbeit noch sehr vage ist. Auch hier stellen sich die weiterführenden Fragen: «In welchen Schritten werde ich vorgehen, um diese Idee greifbar und überprüfbar zu machen?«, und: »Wie viel Zeit will ich jeweils auf diese Schritte verwenden?«

Projektplanung und Projektmanagement

Eine konkrete Projektplanung ist Voraussetzung für den erfolgreichen Abschluss eines Projekts, aber sie ist nicht alles. Es bedarf auch eines guten Projektmanagements. Diese Aufgabe scheint manche Doktoranden zu überfordern. Zum einen ist das Projekt in der Regel sehr umfangreich und arbeitsintensiv, zugleich aber nur ein Ein-Mann- beziehungsweise Eine-Frau-Projekt. Zum anderen ist der Doktorand in Personalunion Projektleiter beziehungsweise -manager, Projektbearbeiter und sein eigener Controller, das heißt derjenige, der das Erreichen der Ziele überwacht und Abweichungen verhindert beziehungsweise korrigiert. In seiner Führungsrolle muss der Doktorand also zugleich selbst darauf achten, dass er schonend mit seinen Fähigkeiten und Ressourcen umgeht. Er muss die Arbeit im rechten Maß halten und die Arbeitsmotivation fördern. Für diese Aufgaben sollte man sich gute Strategien aneignen. Dazu gehören insbesondere Techniken des Zeitmanagements oder, anders ausgedrückt, die Prinzipien realistischer Arbeitsplanung. Auf diese Weise lernt man gleichzeitig, souverän mit seiner Zeit umzugehen.

Zeitmanagement fordert permanent dazu auf,

- kritisch zu prüfen, welchen Stellenwert die Doktorarbeit tatsächlich im Verhältnis zu anderen wichtigen Lebenszielen erhalten soll,
- bei der Entscheidung, über Ziele Prioritäten zu setzen,
- die Zeit gemäß den Zielen planvoll und ökonomisch zu nutzen.

Zeitmanagement und realistische Arbeitsplanung verhelfen dazu, über die eigene Zeit Regie zu führen, statt sich vom Lauf der Dinge und ihrer Eigendynamik beherrschen zu lassen.

Erste Schritte der Projektplanung – ein Überblick über die einzelnen Phasen

Wenn man ein großes Projekt vor sich hat, das man noch nicht überblickt, dann wirkt es leicht bedrohlich. Erst wenn man abschätzen kann, welche Arbeiten und welcher Aufwand im Einzelnen auf einen zukommen, verliert man auch die Angst, es möglicherweise nicht schaffen zu können. Deshalb ist es ratsam, sich gleich zu Anfang einen Überblick zu verschaffen, auch wenn es zunächst nur ein ganz grober ist.

Stellen Sie sich zuallererst die folgenden Fragen:

Checkliste

✔ Wie viele Jahre möchten Sie an Ihrer Dissertation arbeiten?
✔ Wie viele Jahre soll das Ganze maximal dauern?
✔ Welchen Termin wollen Sie für die Abgabe Ihrer Doktorarbeit ins Auge fassen?

Auch wenn es Ihnen schwer fällt, machen Sie trotzdem konkrete Angaben. »Drei bis fünf Jahre« wäre zu vage. Legen Sie sich fest. Es ist immer besser, Zeiten grob zu schätzen, als sie ganz offen zu lassen. Sie gewinnen dadurch eine bessere Orientierung und trainieren gleichzeitig ihr Zeitbewusstsein. Bei gänzlich offenen Zeitangaben verhält man sich in der Regel eher unökonomisch und wendet viel mehr Zeit auf, als nötig wäre.

Abbildung 1 gibt einen groben Überblick über die einzelnen Projektphasen. Ihre Aufgabe wird dann sein, diese Phasen zuerst grob und im weiteren Verlauf immer konkreter und detaillierter zu planen.

Bevor ich näher auf diese Projektphasen eingehe, möchte ich Sie jedoch zuerst mit den Prinzipien realistischer Arbeitsplanung vertraut machen. Deren Kernpunkt ist das Zeitmanagement, das heißt der ökonomische Umgang mit Zeit.[3] Sie sollten so früh wie möglich davon Gebrauch machen – auch schon in der allerersten Phase, in der Sie zunächst nur mit dem Gedanken an eine Dissertation »schwanger gehen«. Auf diese Weise können Sie lernen, auch vage Wünsche und Vorstellungen schnell greifbar zu machen.

Realistische Arbeitsplanung und Zeitmanagement

Sie benötigen zwei Arten von Arbeitsplänen: den allgemeinen Plan, mit dem Sie sich einen Überblick über die bis zu einem bestimmten Termin zu erreichenden Ziele und Arbeitsschritte verschaffen, und den Speziellen Plan, den Wochenplan, mit dem Sie Ihre jeweilige Arbeitswoche strukturieren. Zunächst zum Allgemeinen Plan.

Phase	Aufgaben/Tätigkeiten
Themensuche	Ideen sammeln recherchieren erste Literatursuche Entwurf zum Thema (Grobkonzept mit Arbeitstitel)
formale und organisatorische Bedingungen klären	Voraussetzungen und Anforderungen bezüglich Promotion Betreuer bestimmen
Themenbestimmung Exposé schreiben	Eingrenzung des Themas Fragestellung und methodisches Vorgehen bestimmen Grobgliederung zeitliche Grobplanung
Literaturauswertung	Bearbeitung der Fragen und Hypothesen Differenzierung des Konzepts
Rohfassungen der Kapitel schreiben	weitere Bearbeitung und Differenzierung
Rückmeldung einholen	Beurteilung von Laien und Experten, insbes. Doktorvater, einholen im Kolloquium vorstellen
Überarbeitung	differenziertes Überarbeiten weitere Ausarbeitungen
erneute Phase der Rückmeldung und Revision	Expertenurteile einholen weitere Überarbeitung
Endredaktion Abgabe der Arbeit	technische Fertigstellung Schlusskorrektur

Abbildung 1:
Phasen des Projekts Doktorarbeit

Der allgemeine Plan

1. Bestimmen Sie Ihre wichtigsten Ziele.
Das sind alle Ziele, die Sie im nächsten halben Jahr erreichen
wollen: Ihre Arbeitsziele, die sich auf Ihr Arbeitsprojekt beziehen,

und Ihre sonstigen, persönlichen Ziele, wie zum Beispiel der Wunsch nach mehr Freizeit mit Ihrem Partner oder besondere Freizeitaktivitäten. Machen Sie es konkret, indem Sie zwei Listen aufstellen:

- Liste 1 für Ihre Arbeitsziele,
- Liste 2 für Ihre sonstigen, persönlichen Ziele.

Diese Aufgabe führt dazu, dass Sie sich Ihre Ziele, auch die heimlichen oder impliziten, bewusst machen und aufmerksamer damit umgehen.

Der nächste Schritt geht dahin, sich auch Gedanken über die Ausführung dieser Ziele zu machen.

2. Machen Sie eine Bestandsaufnahme der erforderlichen Arbeitsschritte.

Was bedeutet das, wenn Sie ganz am Anfang Ihres Promotionsvorhabens stehen? Listen Sie auf, was Sie im Einzelnen leisten müssen, um zu einem ersten Ergebnis zu kommen. Es kann sich dabei zum Beispiel um ein erstes Grobkonzept zum Thema Ihrer Doktorarbeit handeln, das Sie als Grundlage für ein Gespräch mit einem möglichen Betreuer verwenden wollen. Seien Sie dabei ganz gründlich. Bedenken Sie die einzelnen Schritte:

- Welche Literatur sollten Sie bis dahin gelesen haben?
- Mit welchen Leuten sollten Sie Ihre Gedanken dazu besprechen?
- Was und in welcher Form wollen Sie bis dahin ausgearbeitet haben?
- ... und so weiter.

3. Halten Sie auch fest, welche Schritte nötig sind, um Ihre persönlichen Ziele zu realisieren.

Diese fallen sonst leicht unter den Tisch. Überlegen Sie, wie Sie die gemeinsame Freizeit mit Ihrem Partner verbringen wollen. Schaffen Sie besondere Verbindlichkeiten wie zum Beispiel regelmäßige Zeiten, zu denen Sie gemeinsam einen Tanzkurs besuchen, oder Ähnliches.

Für beide Arten von Zielen gilt die folgende Empfehlung:

4. Kalkulieren Sie, wie viel Zeit die einzelnen Schritte erfordern.
Wie lange benötige ich für das Lesen? Wie lange für die Ausarbeitung? Tun Sie das Gleiche auch im Hinblick auf Ihre persönlichen Ziele.

5. Listen Sie Verpflichtungen, ständige Termine und regelmäßige Freizeitaktivitäten auf.
Wenn Sie berufstätig sind oder einem festen Job nachgehen, wird das vermutlich der Hauptposten in Ihrer Bestandsaufnahme sein. Aber vergessen Sie darüber nicht die Aktivitäten, die ausschließlich Ihrer eigenen Lebensqualität dienen, wie zum Beispiel die Treffen mit Freunden, aus denen Sie neue Kräfte schöpfen können.

6. Schätzen Sie Ihre Arbeitskapazität pro Tag ein.
Wie viele Arbeitsstunden können Sie pro Tag in Ihr Projekt Doktorarbeit investieren?
Gehen Sie dabei von Ihrer durchschnittlichen Kondition aus und nicht von einer Idealvorstellung. Fragen Sie sich, ob Sie tatsächlich drei Stunden pro Tag am Schreibtisch sitzen können – vielleicht erst am Abend, wenn Sie bereits einen Arbeitstag im Beruf hinter sich haben.

7. Bestimmen Sie den gesamten Zeitrahmen. Treffen Sie Entscheidungen.
Berechnen Sie, wie viele Arbeitsstunden und Arbeitstage Sie in die Arbeit an Ihrer Dissertation investieren können, wenn Sie alle sonstigen Verpflichtungen und verbindlichen Termine berücksichtigen. Denken Sie auch daran, dass Sie freie Wochenenden brauchen, damit Sie die Arbeitsfreude nicht verlieren. Das gilt insbesondere, wenn Sie außerdem berufstätig sind. Bedenken Sie, dass Sie eine lange Zeit, das heißt mehrere Jahre, durchhalten müssen, wenn Sie Ihr Projekt schaffen wollen. Setzen Sie sich einen Zeitrahmen, der Ihnen auch noch Freiräume lässt und Ihnen gut umsetzbar erscheint. Sonst werden Sie schon bald anfangen, heimlich nach Ausflüchten zu suchen. Wenn Sie entdecken, dass die Ziele, die Sie anstreben, nicht mit dem möglichen Zeitaufwand vereinbar sind, sollten Sie diese Erkenntnis unbedingt ernst nehmen und Konsequenzen daraus ziehen. Sie müssen Ihre Pla-

nung eben entsprechend abändern – zum Beispiel indem Sie Termine verlegen oder auf andere Weise Zeit gewinnen, eventuell aber auch, indem Sie Ihre Ansprüche herunterschrauben. Ziel der realistischen Arbeitsplanung ist es ja gerade, das Projekt realisierbar zu gestalten und frühzeitig zu erkennen, wenn etwas nicht zu leisten ist!

8. Erstellen Sie einen Übersichtsplan mit Etappenzielen.
Verteilen Sie die festgehaltenen Arbeitsschritte und sonstige Aktivitäten auf die Wochen bis zum Abschlusstermin. Vergessen Sie dabei auf keinen Fall Ihre privaten Zielsetzungen. Planen Sie nach dem Motto: »Über der Arbeit das Leben nicht vergessen!«

9. Planen Sie immer Pufferzeiten mit ein.
So haben Sie Zeit in Reserve für unvorhergesehene Ereignisse wie Krankheit oder neue Entwicklungen, die Ihnen sonst Ihre schöne Planung zunichte machen würden. Für Pufferzeiten gilt die goldene Regel: Multiplizieren Sie den Zeitaufwand, den Sie für Ihre Arbeitsschritte eingeschätzt haben, immer mit dem Faktor 2,5. Grundsätzlich dauert nämlich alles mindestens doppelt so lange, wie man denkt! Man überschätzt meistens seine eigene Leistungsfähigkeit – oder umgekehrt betrachtet: Man unterschätzt, wie aufwändig das wissenschaftliche Arbeiten ist.

Wenn Sie den allgemeinen Plan aufstellen, führen Sie sich dabei selbst vor Augen, was es wirklich bedeutet, sich auf das Projekt Doktorarbeit einzulassen. Sie gewinnen Klarheit darüber, wie viel Arbeit auf Sie zukommt, wie Ihr Leben sich dadurch verändert, welche Ziele Sie aufgeben und auf welche Annehmlichkeiten Sie verzichten müssen.

Checkliste

✔ Vielleicht werden Sie in Zukunft auf die langen Sommerurlaube, in denen Sie bisher in der Welt herumgereist sind, verzichten müssen.
✔ Vielleicht werden Sie feststellen, dass Sie das Projekt auf

keinen Fall in zwei Jahren schaffen können, sondern mindestens dreieinhalb Jahre dafür benötigen.

✔ Vielleicht müssen Sie auch beruflich kürzer treten, wenn Sie wirklich an einer Dissertation arbeiten wollen.

✔ Vielleicht stellen Sie sogar fest, dass es einfach nicht zu leisten ist, weil familiäre Pflichten und andere Lebensaufgaben Sie zu sehr beanspruchen. In diesem Fall müssen Sie Ihre Promotionspläne womöglich aufgeben oder auf die fernere Zukunft verschieben.

Auf jeden Fall erfordert der Allgemeine Plan, dass Sie Ihr Projekt gründlich reflektieren. Er bringt Sie dazu zu erkennen, wenn Ziele unvereinbar oder Anforderungen unrealistisch sind, und Konsequenzen daraus zu ziehen. Dadurch ermöglicht er Ihnen eine bewusste und begründete Entscheidung für oder gegen Ihr Projekt. Außerdem ist er der erste Schritt zu einer systematischen Organisation Ihres Projekts.

Der Wochenplan

Auf der Grundlage des allgemeinen Plans lässt sich dann der Plan für die jeweils bevorstehende Woche erstellen, mit dem Sie Ihre Aufgaben, Termine und sonstigen Aktivitäten auf die Tage der Woche verteilen. Dazu die folgenden Empfehlungen:

1. Legen Sie Ihre Wochenplanung immer schriftlich fest.
Beginnen Sie jede Arbeitswoche damit, dass Sie mithilfe eines Wochenterminplaners – in Neudeutsch Timer oder Filo – Ihre Ziele und Aktivitäten schriftlich festhalten. Bringen Sie beide Arten von Zielen darin unter: Ihre Arbeitsziele und Ihre persönlichen Ziele. Machen Sie es sich zur Aufgabe, den Wochenplan attraktiv zu gestalten, zum Beispiel indem Sie auch die Zeiten für Entspannung und Vergnügen eintragen oder sich gänzlich freie Zwischenzeiten reservieren, die Sie dann für spontane Bedürfnisse nutzen können. Achten Sie darauf, die unterschiedlichen Tätigkeiten geschickt zu

verteilen. Auf besonders trockene oder anstrengende Arbeiten sollte man interessantere Aufgaben folgen lassen. Unangenehme Arbeiten fallen einem leichter, wenn man sie nacheinander in kleinen Schritten durchführt.

Indem Sie die einzelnen Aktivitäten festlegen, bringen Sie Struktur in Ihre Arbeitswoche. Sie wird dadurch überschaubarer.

2. Führen Sie »Geschäftszeiten« für Ihre Doktorarbeit ein.

Machen Sie den Beginn Ihrer Arbeit nicht von Stimmungen (»Wenn ich mich so richtig in Arbeitslaune fühle, dann fange ich an«) oder äußeren Bedingungen (»Wenn es endlich ganz ruhig im Haus ist, dann geht's los«) abhängig. Legen Sie stattdessen genau fest, wann Sie mit der Schreibtischarbeit anfangen und wann Sie aufhören. Und machen Sie es verbindlich und öffentlich, indem Sie Ihrer Familie, Ihrem Partner beziehungsweise Ihren Mitbewohnern und Nachbarn mitteilen, dass Sie zu diesen Zeiten nicht ansprechbar sind und auch nicht ans Telefon gehen. Es gibt berühmte Beispiele von großen Philosophen und Schriftstellern – unter anderem Kant und Goethe –, die sich ganz streng an ihre festen Arbeitszeiten gehalten und nicht zuletzt dadurch Großes geschaffen haben. Gerade schöpferische geistige Aufgaben erfordern intensives, kontinuierliches Arbeiten. Ein erhebliches Maß an Selbstdisziplin und eine gute Organisation sind dafür unverzichtbar. »Hier und da mal ein Stündchen« arbeiten, wird Sie nicht weiterbringen. Schon in der ersten Initialphase werden Sie sich einige Zeit für die Themensuche reservieren müssen, wenn Sie sich ernsthaft auf eine Doktorarbeit einlassen wollen.

Richten Sie sich Zeitblöcke von mehreren Stunden ein, damit Sie sich auch richtig in die Materie vertiefen können. Regelmäßige, feste Arbeitszeiten haben den Vorteil, dass sich daraus Gewohnheiten bilden können. Geist und Körper stellen sich auf den Rhythmus ein, sodass man zur richtigen Zeit die erforderliche Arbeitsmotivation entwickelt. Auf diese Weise kommen Sie leichter ans Ziel.

3. Berücksichtigen Sie Ihren Biorhythmus.

Legen Sie Ihre Hauptarbeitsphasen auf die Tageszeiten, zu denen Sie besonders wach und leistungsfähig sind. Es gibt dabei bekanntlich individuelle Unterschiede. Manche fühlen sich frühmorgens in bester Schaffenslaune. Andere laufen erst am späten Nachmittag zur Hochform auf. Aber Vorsicht vor ungünstigen Gewohnheiten wie zum Beispiel Nachtarbeit! Mit ständigen Spätschichten werden Sie das Großprojekt Doktorarbeit auf Dauer nicht schaffen können. Es wird Sie viel zu sehr erschöpfen. Zudem laufen Sie Gefahr, dass Sie immer wieder hinter Ihrem Pensum zurückbleiben, wenn sich verlockende Möglichkeiten auftun, den Abend anders zu gestalten. Orientieren Sie sich bei der Organisation Ihres Arbeitsrhythmus an der in Abbildung 2 dargestellten 24-Stunden-Kurve der allgemeinen psycho-physischen Leistungsbereitschaft.

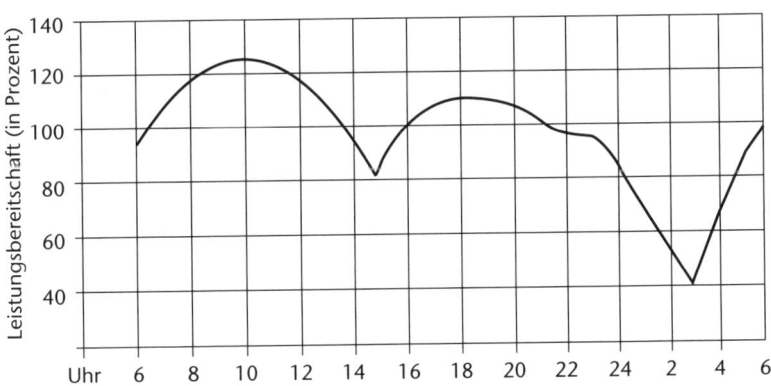

Die günstigsten Arbeitszeiten liegen morgens zwischen acht und zwölf Uhr und am späten Nachmittag. Zu einem Leistungsabfall kommt es um die Mittagszeit zwischen 14 und 15 Uhr und in der Nacht (Erholungszeiten) (Quelle: Schräder-Naef 2000).

Abbildung 2:
24-Stunden-Kurve der Leistungsbereitschaft

Sie weist zwei Leistungsoptima auf, die auf dem biologischen Rhythmus des Organismus beruhen: das eine am Vormittag zwischen 8 und 12 Uhr und das andere am Spätnachmittag zwischen 16 und 20 Uhr. Individuelle Gewohnheiten können diese Kurve zwar verschieben, aber nicht völlig außer Kraft setzen. So können Sie zwar auch noch nach Mitternacht arbeiten, aber der erforderliche psychische Aufwand ist unvorteilhaft hoch. Außerdem bringen Sie sich auf diese Weise selbst um den erholsamen Nachtschlaf. Es empfiehlt sich deshalb, sich an dieser Kurve zu orientieren und die Zeiten individuell leicht abzuwandeln.

Wenn Sie den ganzen Tag für Ihre Dissertation zur Verfügung haben, dann sehen Sie zu, dass Sie die anspruchsvollsten Arbeiten auf Ihre persönlichen Bestzeiten legen. Die einfacheren oder eher technischen Dinge können Sie dann zu ungünstigeren Zeiten erledigen.

4. Schaffen Sie sich überschaubare Arbeitseinheiten mit Pausen dazwischen.

Wenn in Ihrem Plan Blöcke von mehreren Stunden vorgesehen sind, dann teilen Sie diese in mehrere Arbeitseinheiten auf. Geistige Arbeit ist anstrengend und wirkt schnell ermüdend. Deshalb sollten Sie nach einer oder anderthalb Stunden Arbeit jeweils eine kurze Entspannungspause von 10 bis 15 Minuten einlegen. Das wirkt sich nachgewiesenermaßen sehr positiv auf die Konzentrationsfähigkeit aus. Diese kleinen Pausen sollten so etwas wie Ruheinseln sein, die Sie zum Auftanken nutzen. Sie können zum Beispiel Autogenes Training oder Yoga-Übungen machen oder auch ganz einfach Ihre Blumen pflegen, am offenen Fenster etwas Luft schnappen oder Ihre Katze ausgiebig kraulen. Lassen Sie sich etwas einfallen! Wenn Sie Ihren Arbeitstag in einzelne Arbeitseinheiten und Pausen unterteilen, wird er viel überschaubarer und attraktiver, als wenn er aus einem einzigen, groben Zeitblock besteht.

Die Kurve der allgemeinen Leistungsbereitschaft legt nahe, dass man in der ungünstigsten Zeit, nämlich am Mittag, eine längere Pause einplant. Das braucht aber nicht unbedingt zu heißen, dass man sich nur mit einem Mittagsschlaf erholt – Fahrrad fahren oder durch den Park laufen wirkt häufig viel erfrischender!

5. Setzen Sie sich konkrete Arbeitsziele.

Dieses Prinzip ist das wichtigste überhaupt. Sie sollten es auf alle Ihre Arbeiten anwenden. Formulieren sie immer ein möglichst konkretes Arbeitsziel, bevor Sie mit der Arbeit beginnen. Definieren Sie das Ergebnis Ihrer Arbeit, das heißt bestimmen Sie, was am Ende der Stunde herausgekommen sein soll. Das ist auch für schwer fassbare Resultate möglich. Wenn Sie zum Beispiel endlich begreifen wollen, welche Kunstauffassung Samuel Beckett hat, dann sollten Sie ein konkretes Kriterium dafür formulieren, wann das Ziel erreicht ist. Es könnte beispielsweise darin bestehen, dass Sie drei seiner wesentlichen Kernaussagen in eigenen Worten wiedergeben können oder diese stichwortartig festhalten und zwei Zitate dazu herausschreiben. Indem Sie sich konkrete Ziele setzen, lenken Sie Ihre Aufmerksamkeit in eine bestimmte Richtung, sorgen für eine positive Spannung und steigern Ihre Arbeitsmotivation. Außerdem erreichen Sie so, dass Sie nach getaner Arbeit einen sichtbaren Fortschritt erzielt haben und das gesetzte Ziel mit gutem Gefühl abhaken können. Es ist eine sehr empfehlenswerte Regel, nie mit der Arbeit anzufangen, ohne vorher das Ziel klar zu benennen. Diese Regel wirkt wie ein Ariadne-Faden. Sie hält Sie »auf Kurs« und verhindert, dass Sie sich in interessante, aber irrelevante Abschweifungen verlieren. Sie sorgt für geistige Disziplin.

6. Stellen Sie sich Belohnungen in Aussicht.
Gerade dann, wenn die Arbeit sehr langwierig und mühevoll ist und man viel Selbstdisziplin und Ausdauer dafür benötigt, ist es ratsam, sich selbst mit Belohnungen anzuspornen und diese dann »frohen Herzens« zu genießen. Sie erhalten damit Ihre Arbeitsmotivation aufrecht.

Beispiel

- Eine Doktorandin erzählte, dass sie nach besonders intensiver Arbeit am Schreibtisch zur Belohnung in ihr Lieblingscafé ging, dort ein Glas Rotwein bestellte und dann ihre neu geschriebenen Seiten noch einmal durchlas. Sie genoss es, sich dabei wie eine Schriftstellerin zu fühlen, die an ihrem neuesten Roman arbeitet.

Nach einer harten Arbeitswoche, in der Sie Ihren Wochenplan gut geschafft haben, sollten Sie sich ruhig etwas Besonderes gönnen, je nach Geschmack zum Beispiel einen Ausflug in die Natur oder ein Wochenende mit kulturellen Highlights.

7. Revidieren ist manchmal nötig – bleiben Sie flexibel.
Nicht alle gesteckten Ziele lassen sich wie geplant erreichen. Vielleicht haben Sie den Aufwand unterschätzt, oder bei Ihren Überlegungen hat sich überraschend herausgestellt, dass Sie das Thema noch auf andere Art angehen müssen. Auch das gehört zu einer wissenschaftlichen Arbeit. Häufig gibt es gute Gründe dafür, dass die Arbeit sich verzögert oder etwas nicht auf dem direkten Weg zu erreichen ist. Es wäre allerdings fatal, wenn Sie Ihren Arbeitsplan gleich über den Haufen werfen oder das Planen gänzlich aufgeben, nur weil Sie einmal aus Unlust nicht recht vorangekommen sind. Damit hätten Sie das Prinzip realistischer Arbeitsplanung gründlich missverstanden. Es soll Sie nämlich als Steuerungsinstrument in Ihrem Arbeitsprozess begleiten. Wenn sich Abweichungen und Terminverschiebungen ergeben, dann kommt es darauf an, diese Änderungen in den Plan aufzunehmen und ihn entsprechend zu revidieren. Auf jeden Fall müssen Sie dranbleiben, wenn Sie Ihre Ziele erreichen wollen.

Nur nicht abschrecken lassen! – Annäherung an das Zeitmanagement

Vielleicht haben einige der Prinzipien von Zeitmanagement und realistischer Arbeitsplanung Sie überzeugt, aber Sie stehen der Strategie der rationalen Zeitplanung trotzdem noch skeptisch gegenüber. Vielleicht verspüren Sie auch einfach einen Widerwillen gegenüber strikter Planung. Lassen Sie sich dennoch nicht abschrecken! Es kommt gar nicht darauf an, dass Sie alle Prinzipien zu hundert Prozent übernehmen. Vielmehr sollten Sie Ihre individuelle Arbeitsweise herausfinden, mit der Sie zu fruchtbaren Ergebnissen gelangen können. Probieren Sie am besten die Empfehlungen aus, die Ihnen am meisten einleuchten. Die Teilnehmer meiner Doktoranden-Workshops konnten ihre Arbeitsweise mithilfe dieser Strategien erheblich verbessern.

Im Wesentlichen kommt es darauf an, dass Sie sich das Grundprinzip des Zeitmanagements zu Eigen machen: die Ziele Ihrer jeweiligen Arbeitsaufgabe klar zu bestimmen und angemessene Wege zu wählen, um sie zu erreichen. Eine Regel sollten Sie besonders beherzigen:

Beginnen Sie nie mit einer Arbeit, ohne sich zuerst das Ziel bewusst zu machen. Dadurch können Sie viel Zeit sparen und effizienter arbeiten.

Vielleicht kann der Hinweis auf das so genannte Pareto-Prinzip Sie zusätzlich von der Methode überzeugen. Dieses Prinzip stellt den Aufwand an Zeit für eine Arbeit in Beziehung zum Output. Es besagt, dass 20 Prozent der insgesamt aufgewendeten Zeit bereits 80 Prozent des Ergebnisses erbringen. Das bedeutet gleichzeitig, dass die restlichen 80 Prozent des Zeitaufwandes dann nur noch zu 20 Prozent des Resultats führen.

Diese Regel konnte durch die Beobachtung von Arbeiten wie zum Beispiel Bürotätigkeiten, kaufmännischen Managementtätigkeiten, kreativen Arbeiten in Werbung und Marketing und Besprechungszeiten erhärtet werden. Das Pareto-Prinzip weckt optimistische Erwartungen, denn es verheißt enormen Zeitgewinn durch ökonomisches Arbeiten. Allerdings muss man herausfinden, welches die so ergiebigen 20 Prozent des gesamten Arbeitseinsatzes sind!

Jeder, der bereits wissenschaftliche Arbeiten verfasst hat, weiß, dass man oft viel zu aufwändige Vorarbeiten betreibt, bevor man auf sein eigentliches Ziel lossteuert. Häufig verliert man dieses beim Arbeiten auch ganz aus dem Auge. Das gilt für das Sichten von Literatur ebenso wie für das Ausarbeiten von Texten. Man sollte sich daher frühzeitig fragen, welches Arbeitsziel man genau erreichen will, und sich dementsprechend für eine Vorgehensweise entscheiden. So kann man eine Menge Zeit sparen, die man sonst mit unbedeutenden Arbeiten vergeudet hätte. Testen Sie es am besten einmal selbst!

Die folgende Technik kann dabei recht nützlich sein. Es geht darum, Aufgaben danach zu gewichten, wie wichtig sie für den Erfolg der Arbeit sind beziehungsweise welchen Anteil sie daran haben. Man kann das am Anfang eines Arbeitstages in Form einer ABC-Analyse tun, bei der man die anstehenden Aufgaben nach ihrer Wichtigkeit ordnet:[4]

A = wichtigste Aufgaben mit größtem Anteil am Erfolg
B = weniger wichtige Aufgaben mit geringerem Ertragszuwachs
C = wenig wichtige Aufgaben mit kleinem Beitrag

Sehen Sie zu, dass Sie den größten Teil Ihres Arbeitstages – etwa zwei Drittel – auf A-Aufgaben verwenden. Mit dieser Technik trainieren Sie nicht nur Ihr Einschätzungsvermögen, sondern bringen sich auch beständig in die Situation, Ihre Arbeiten ganz bewusst auszuwählen.

Einen sanften Einstieg in das Zeitmanagement vermittelt Ihnen das Wochenprotokoll.

Das Wochenprotokoll als Einstieg ins Zeitmanagement

Beginnen Sie Ihre Annäherung an das Zeitmanagement am besten, indem Sie ein Wochenprotokoll anfertigen. Dazu halten Sie am Ende eines Tages schriftlich – auf einer Seite aus dem Wochen-Timer – fest, was Sie im Laufe des Tages getan haben, das heißt mit welchen Arbeiten, Pflichten, Freizeitaktivitäten und sonstigen Tätigkeiten Sie wie viel Zeit verbracht haben. Erfassen Sie Ihre Aktivitäten möglichst präzise, sodass Sie daraus Anhaltspunkte für Ihre spätere Zeitplanung gewinnen können.

Das Wochenprotokoll verschafft Ihnen ein realistisches Bild davon, wie Sie Ihre Zeit verteilen und auch wie langwierig manche Arbeiten sind. Es führt Ihnen vor Augen, wie lange Sie es wirklich am Schreibtisch aushalten, mit welchen Manövern Sie sich vor der Arbeit drücken und mit welchen Arbeiten Sie sich besonders schwer tun. Es vermittelt Ihnen auch einen Eindruck von Ihrer Durchschnittsleistung und ist deshalb gut dazu geeignet, Höhenflügen bei der Planung vorzubeugen. Indem Sie ein Wochenprotokoll anfertigen, trainieren Sie Ihr Zeitbewusstsein und verschaffen sich eine gute empirische Basis für eine realistische Wochenplanung.

Es ist sehr empfehlenswert, sich in kleinen Schritten an die Wochenplanung heranzutasten. Bauen Sie zuerst eine Regelmäßigkeit auf. Stecken Sie Ihre Ziele dabei so bescheiden, dass Sie sie ganz sicher erreichen können. Wenn Sie zum Beispiel anstreben, täglich fünf Stunden an Ihrer Dissertation zu arbeiten, dann fangen Sie erst einmal mit zwei Stunden pro Tag an. Organisieren Sie diese – und Ihren übrigen Tagesablauf – entsprechend den Prinzipien der realistischen Arbeitsplanung. Später können Sie das Arbeitsvolumen pro Tag nach und nach erhöhen. Die Regel lautet:

Fangen Sie klein an und steigern Sie das Pensum behutsam. Bleiben Sie realistisch!

Ergebnisorientiert arbeiten

Im Arbeitsprozess laufen Sie häufig Gefahr »vom Hölzchen aufs Stöckchen« zu kommen und sich unnötig in Einzelheiten zu verlieren. Sie sollten sich darum von vornherein überlegen, wie Sie Ihre Arbeit auf sinnvolle und verwertbare Ergebnisse hin orientieren. Für Doktoranden, die im Rahmen eines Forschungsprojekts oder eines Graduiertenkollegs promovieren wollen, ist es selbstverständlich, über den Stand ihrer Arbeit zu berichten und einen Vortrag über die Zwischenergebnisse ihrer Forschung für eine Tagung anzumelden. Doktoranden, die mit ihrer Arbeit ganz auf sich gestellt sind, schrecken häufig vor der damit verbundenen zusätzlichen Arbeit zurück und unterschätzen die positive Wirkung. Der Einsatz lohnt sich jedoch: Sie können zusätzliche Motivation daraus beziehen, schaffen sich selbst einen gewissen Zeitdruck, der ganz heilsam sein kann, und sorgen dafür, dass Ihre Maßstäbe im realistischen Rahmen bleiben.

Planen Sie deshalb von Anfang an Aktivitäten in Ihr Projekt mit ein, die zu konkreten und verwertbaren Arbeitsergebnissen führen.

Tipps

- Nehmen Sie an einem Doktoranden-Kolloquium oder Hauptseminar teil, und melden Sie einen Vortrag über Ihre Doktorarbeit an.
- Bewerben Sie sich um einen Lehrauftrag für eine Veranstaltung zum Thema Ihrer Arbeit.
- Planen Sie Vorträge zu Fachtagungen mit ein.
- Legen Sie es darauf an, Teilaspekte und Zwischenergebnisse Ihrer Arbeit zu veröffentlichen. Sie können beispielsweise wissenschaftliche Aufsätze, aber auch Zeitungsartikel verfassen.

Auf diese Weise verschaffen Sie sich selbst Erfolgserlebnisse und steigern Ihre wissenschaftliche Kompetenz. Außerdem wird man dadurch auf Ihre wissenschaftliche Arbeit und vielleicht auch auf Ihren Namen aufmerksam.

Beispiele

- Für eine Doktorandin aus meiner Gruppe war ein Vortrag Zäsur und Durchbruch zugleich. Sie sprach auf einer Tagung in Paris zum europäischen Theater der Neuzeit über das Werk eines spanischen Dramatikers. Als sie zurückkam, war sie voller Stolz über das positive Echo auf ihren Vortrag und setzte mit großem Elan zum erfolgreichen Endspurt an.
- Eine andere Doktorandin, die an einer Dissertation über den Historismus in der Gartenkunst arbeitete, machte ähnlich positive Erfahrungen mit einem Aufsatz. Sie war nach einem Vortrag über ihr Thema dazu eingeladen worden, einen Beitrag zum Ausstellungskatalog einer Bundesgartenschau zu verfassen. Diese Ehre war ein großer Ansporn für sie, und ihr gelang ein guter Beitrag. Dabei machte sie obendrein eine interessante kleine Entdeckung über das Verhältnis von zwei sehr berühmten Gartenkünstlern, die sie als Bonbon mitlieferte. Zugleich nutzte sie die Gelegenheit dazu, auf ihre Doktorarbeit aufmerksam zu machen.

Die Ausrichtung auf verwertbare Zwischenergebnisse und der konkrete Austausch mit Außenstehenden wirken positiv auf den Arbeitsprozess. Auf diese Weise kann man der Gefahr entgehen, es beim Verfassen der Doktorarbeit zu sehr auf eine tiefgründig-offene Analyse anzulegen und sich ausschließlich an formalen Kriterien zu orientieren. Stattdessen richtet man den Arbeitsprozess stärker an konkreten, zweckrationalen Zielen aus. Verbindliche Termine wirken sich ausgesprochen förderlich aus. Schaffen Sie sich ganz bewusst äußere Verpflichtungen und Verabredungen, die Zeitmarken für Ihre Arbeit setzen. Die Erwartungen von Außenstehenden wirken meist viel verbindlicher als die Ziele, die man nur für sich selbst steckt.

Tipps

- Treffen Sie mit Ihrem Betreuer Absprachen für einen regelmäßigen Rapport, für den Sie bestimmte schriftliche Ausarbeitungen vorlegen müssen.
- Verpflichten Sie sich auf Termine, bis zu denen man von Ihnen eine bestimmte Leistung – zum Beispiel einen Vortrag im Seminar – erwartet.

Außerdem sollten Sie zu Ihrem Arbeitsprojekt ein Promotionscontrolling durchführen, mit dem Sie das Erreichen Ihrer Ziele beständig überwachen.

Das Controlling der Promotion

In meinen Gruppen für Doktoranden habe ich ein so genanntes Promotionscontrolling eingeführt, das bei den Teilnehmern auf sehr positive Resonanz gestoßen ist. Es geht dabei um eine Bestandsaufnahme der jeweils erreichten Ergebnisse der Arbeit – gemessen an aufgestellten Zielen und Teilplänen. In der Betriebswirtschaftslehre bezeichnet der angelsächsische Begriff *Controlling* das Verbindungsglied zwischen Planung und Kontrolle. Zum Planungsprozess gehört das Aufstellen von Teilplänen (zum Beispiel für Produktions- oder Funktionsbereiche), das Abstimmen der Teilpläne und die Vorgabe von wertmäßigen Plandaten (Budget). Der Kontrollprozess sieht die Bereitstellung von Vergleichsmaßstäben, die laufende Erfassung der Ist-Daten, die Abweichungsanalyse sowie Korrekturmaßnahmen vor.[5] Für die Aufgabe der Abstimmung von (betriebsinterner) Planung und Kontrolle hat sich der Begriff des Controlling durchgesetzt. Damit ist nicht so sehr Kontrolle im Sinne von »Beaufsichtigen« gemeint, sondern vielmehr das Regeln und Steuern und damit auch das Beherrschen eines Vorgangs.[6] Ich verwende den Begriff hier in diesem Sinne.

Beim Promotionscontrolling ist das Augenmerk auf das Erreichen der Ziele gerichtet. Gleichzeitig sollen dabei natürlich auch die Abweichungen vom angestrebten Kurs festgestellt und analysiert werden. Dabei wird sich zum Beispiel herausstellen, dass manche der Abweichungen überflüssig, andere dagegen sachlich notwendig und nicht zu umgehen waren. Es geht nun darum herauszuarbeiten, wie es zu den betreffenden Abweichungen gekommen ist und welche Kurskorrekturen infolgedessen nötig sind. Für das Controlling bei der Doktorarbeit empfiehlt es sich, bestimmte herausragende Etappenziele zu formulieren und dafür auch bestimmte Werte oder Plandaten vorzugeben. So könnte zum Beispiel als Ziel bis zum nächsten Check-up definiert werden, ein bestimmtes Kapitel der Dissertation im Umfang von 20 Seiten in Rohfassung geschrieben zu haben oder 50 Seiten der Arbeit revidiert und in druckreifer Fassung vorliegen zu haben.

In meinen Doktoranden-Gruppen, die in der späteren Phase der Betreuung alle vier bis fünf Wochen tagen, hat es sich so eingespielt, dass die Teilnehmer sich jeweils bis zum nächsten Treffen ein Etappenziel stecken und dann über den bis dahin erreichten Stand berichten. Dabei fungieren Gruppe und Gruppenleiter natürlich auch als zusätzliches Kontrollmedium.

Der folgende Fragebogen dient der Einschätzung des jeweiligen Ist-Zustands. Frage eins bezieht sich zunächst darauf, wo der gegenwärtige Stand der Arbeit in der Abfolge der Projektphasen einzuordnen ist.

Fragebogen zum Promotionscontrolling

Checkliste

1. In welchem Stadium befindet sich die Dissertation?

- Themensuche (Ideenskizze, Recherche, erste Literatursuche, Grobkonzept mit Arbeitstitel)
- Formale und organisatorische Vorbereitung (Welche Bedingungen sind geklärt? Welche noch nicht?)
- Themeneingrenzung (Struktur der Arbeit, Gang der Untersuchung klar?)
- Exposé (fertig gestellt?)
- Literaturauswertung (zu welchen Aspekten und Kapiteln vorliegend?)
- Rohfassung (wie viele Kapitel vorliegend?)
- Vorläufige Fassung zur Begutachtung (wie viele und welche Kapitel beim Doktorvater und anderen Beurteilern vorliegend?)
- Überarbeitung (wie viele und welche Kapitel bereits überarbeitet?)
- Erneute Feedback-Phase (Beurteilung der gesamten Dissertation durch Experten)
- Revision der Endfassung (wie viele Kapitel in Endfassung vorliegend?)
- Druckreife Endfassung abgeschlossen, Dissertation offiziell eingereicht.

2. Welche der Arbeitsziele habe ich seit der letzten Bestandsaufnahme erreicht?

- Welche nicht?
- Aus welchen Gründen nicht?

3. Fragen zur Berichterstattung über den erreichten Stand:

- Welche neuen inhaltlichen Ergebnisse liegen vor?
- Welche methodischen Erkenntnisse wurden gewonnen?

- Welche neuen Beurteilungen haben sich ergeben?
- Welche Schwierigkeiten traten auf?
- Welche offenen Fragen sind hinzugekommen?

4. *Wie fühle ich mich mit dem Stand der Ergebnisse?*

- Womit bin ich zufrieden?
- Womit unzufrieden?

5. *Ziele für die weitere Planung*

- Was will ich bezüglich der festgestellten Abweichungen unternehmen?
- Welches sind meine Arbeitsziele bis zum nächsten Controlling?

Die Fragen zu Punkt 3 sollen dazu anregen, einen schriftlichen Kurzbericht über den jeweiligen Stand der Ergebnisse zu verfassen. Diese Aufgabe macht die Ergebnisse der Arbeit greifbarer und ist außerdem eine nützliche Schreibübung.

Punkt 4 soll den emotionalen Aspekt der Arbeitszufriedenheit ansprechen und zu einer kleinen Innenschau anleiten. Dabei stößt man manchmal zunächst nur auf diffuse Gefühle, die man erst klären muss. Man kann daraus jedoch sehr nützliche Hinweise darauf gewinnen, was an Arbeitsergebnissen oder -bedingungen verbesserungsbedürftig ist.

Die von mir betreuten Doktoranden haben sich dieses Vorgehen zur Regel gemacht und wenden es offensichtlich gern an. Es hat den Vorzug, dass man sich den Fortschritt der Arbeit vor Augen führt und sich dadurch kleine Erfolgserlebnisse verschafft. Außerdem lenkt es den Blick auf den roten Faden der übergreifenden Projektplanung und fordert zu aktivem Handeln – zu Entscheidungen und Korrekturen – heraus. Alles in allem wirkt es sich sehr positiv auf die Arbeitsmotivation aus.

Tipps für den Arbeitsalltag

Tipp

- Bringen Sie Struktur in Ihren Arbeitsalltag!

Eine klare Struktur hilft, den Arbeitsalltag besser zu überschauen und leichter zu bewältigen. Die Arbeitswoche bekommt nur dann Struktur, wenn Sie sie entsprechend den Prinzipien der realistischen Arbeitsplanung organisieren. Zur Erinnerung: Das bedeutet, dass Sie

- feste Arbeitszeiten und Pausen vorsehen,
- klare Arbeitsziele und Zeitmarken bestimmen und
- Freizeit und Erholung einplanen.

Wenn Sie sich außerdem noch für den Abschluss der Woche ein konkretes Arbeitsergebnis vornehmen, dann sorgen Sie für einen energetischen Spannungsbogen, der Sie auf das Endziel hin ausrichtet. Und wenn Sie es geschafft haben, können Sie schließlich mit einem Erfolgsgefühl ins Wochenende gehen.

Tipp

- Sorgen Sie für gute Bedingungen am Arbeitsplatz!

Immerhin müssen Sie viel Zeit daran zubringen. Ein großer Schreibtisch mit guter Beleuchtung in einem ansprechend eingerichteten Arbeitszimmer – mit schöner Aussicht auf Bäume oder mit selbst ausgesuchten Bildern – hebt die Arbeitslaune ungemein. Sie sollten sich ruhig ein wenig Mühe geben, Ihren Arbeitsplatz attraktiv und einladend zu gestalten. Wenn Sie selbst zu bescheiden oder zu nachlässig sind, dann lassen Sie sich von Ihrem Freund/Ihrer Freundin dabei helfen.

Beschaffen Sie sich einen Schreibtischsessel oder -stuhl, auf dem Sie aufrecht und in gesunder Haltung sitzen können, damit Ihre Wirbelsäule nicht unnötig strapaziert wird.

Richten Sie Ihren PC so ein, dass Sie optimale Sichtbedingungen haben und ihn gut bedienen können. Da Sie viele Stunden am

Computer verbringen werden, ist es sinnvoll, sich mit den arbeits-
medizinischen und -psychologischen Empfehlungen zur Bildschirm-
arbeit vertraut zu machen.

Tipp

• Schaffen Sie sich einen Raum zum Arbeiten!

Ein separates Arbeitszimmer ist für die meisten Doktoranden und
anderen wissenschaftlich Tätigen ein unbedingtes Muss. Es sollte
ausschließlich oder zumindest vorwiegend für die Arbeit reserviert
sein. Zum einen benötigt man als Doktorand viel Platz für den PC
mit allem Zubehör, das Arbeitsmaterial, die Bücher und andere
Hilfsmittel. Zum anderen dient der abgeschlossene Raum auch
zum Schutz vor Ablenkung, beispielsweise durch Mitbewohner.
Wenn man die Möglichkeit hat, sich in ein eigenes Zimmer zurück-
zuziehen, kann man leichter ungestört dem eigenen Arbeitsrhythmus folgen.

So einleuchtend diese Argumente auch klingen mögen – für manche Doktoranden ist das eigene Arbeitszimmer trotzdem nicht
selbstverständlich. Ich habe im Laufe meiner Beratungspraxis einige
Fälle kennen gelernt, in denen Doktorandinnen – es waren tatsächlich nur Doktorand*innen* – lediglich einen Arbeitsplatz im ehelichen
Schlafzimmer oder sogar im gemeinsamen Wohnzimmer eingerich-
tet hatten. Störungen waren dabei unvermeidlich. Die räumliche Situation war in diesen Fällen allerdings nicht das einzige Problem.
Auch die psychologischen Voraussetzungen waren ungünstig: Die
Betreffenden konnten sich beispielsweise nicht genug behaupten
und bekamen keine richtige Anerkennung von ihrem Partner.

Sich ein eigenes Arbeitszimmer zu erstreiten, ist deshalb für manche ein erster, wichtiger Schritt auf dem Weg der Promotion!

Es gibt sicher auch positive Beispiele von Lebenspartnern, die sich
ein Arbeitszimmer teilen und mit dieser Regelung auch beide erfolgreich arbeiten können. Ich kenne allerdings nur sehr wenige Fälle.

Tipp

• Der feste Arbeitsplatz in der Bibliothek hat Vorteile!

Manchmal ist allerdings auch ein ständiger Arbeitsplatz in der Bibliothek die beste Lösung. Man wird dort nicht so leicht abgelenkt wie zu Hause am eigenen Schreibtisch. In der nüchternen Umgebung fällt es leichter, seinen Arbeitsplatz nach zweckrationalen Prinzipien einzurichten. Viele können sich auch besser zur Arbeit überwinden, wenn sie andere um sich haben, die ebenfalls fleißig sind. Ein weiterer Vorteil ist, dass man auf diese Weise klarer zwischen Arbeit und Freizeit trennen kann. Manche Doktoranden empfinden es als sehr befreiend, wenn sie ihre Arbeit am Ende des Tages in der Bibliothek zurücklassen und sich dann wie ein ganz »normaler« berufstätiger Mensch dem Feierabend widmen können. Darüber hinaus nimmt der Lebenspartner die Arbeit an der Dissertation häufig ernster, wenn sie zu regelmäßigen Zeiten in der Bibliothek stattfindet.

Tipp

- Halten Sie Ordnung am Schreibtisch!

Stapeln Sie Ihren Schreibtisch nicht mit Büchern und Papieren voll, sonst verlieren Sie zwangsläufig früher oder später den Überblick. Die Zeit, die Sie in ein gutes Ordnungssystem für Ihre Arbeit investieren, zahlt sich aus, weil Sie sich dadurch unnötige und nervende Sucharbeit ersparen.

Ein aufgeräumter Schreibtisch, auf dem nur jeweils das Material zu finden ist, an dem Sie gerade arbeiten, lädt förmlich zur Arbeit ein. Ein überladener Schreibtisch führt dagegen leicht dazu, dass man nach Ausflüchten sucht und die Arbeit vor sich herschiebt. Gerade in puncto Ordnung scheiden sich allerdings die Geister. Während der eine auf gute Organisation schwört, hält die andere sie für nebensächlich oder lehnt sie sogar ab. Manch einer verwechselt Unordnung mit »produktivem Chaos« und hält die überquellenden Papierberge für einen Ausdruck seines Genies. Mit einem derart chaotischen, unsystematischen Vorgehen kann man vielleicht noch eine wissenschaftliche Hausarbeit bewältigen, aber das Projekt Doktorarbeit wird ganz sicher daran scheitern. Sie müssen ja nicht gleich eine fanatische Ordnungsliebe entwickeln, aber ein vernünftiges Maß an Ordnungssinn sollten Sie sich auf jeden Fall aneignen.

Sagen Sie sich als Ansporn, dass die Organisationsfähigkeit, die Sie dabei entwickeln, Ihnen auch später im Beruf nützen wird.

Tipp

• »Variatio delectat« – das gilt auch für die Arbeit!

An diesem Motto – »Abwechslung macht Freude« – sollten Sie sich auch bei der Gestaltung Ihrer Arbeit orientieren. Brüten Sie nicht endlos über ein und derselben Tätigkeit. Vermeiden Sie allzu einseitiges und monotones Arbeiten. Wenn Sie eine Arbeitsphase von mehreren Stunden vor sich haben, dann sollten Sie sich für die einzelnen Etappen von einer bis eineinhalb Stunden Dauer jeweils wechselnde Aktivitäten vornehmen. Das heißt also: auf keinen Fall drei Stunden an einem Stück lesen, sondern besser eine Stunde lesen – wobei Sie sich außerdem um aktives Lesen bemühen sollten (vgl. Kapitel 3)! –, in der nächsten Stunde Gedanken und Anmerkungen dazu in einem Cluster festhalten und einen Kurztext dazu schreiben und schließlich in der dritten Stunde mit einem Kollegen am Telefon über die neuen Erkenntnisse diskutieren oder auch zu einer ganz anderen Arbeit übergehen – zum Beispiel einen neuen Ordner anlegen.

Der Wechsel zwischen unterschiedlichen Tätigkeiten beugt gegen Ermüdung vor und belebt den Geist. Dass man dadurch immer wieder Arbeiten abbrechen muss, bevor sie abgeschlossen sind, braucht durchaus kein Nachteil zu sein. Oft arbeitet es sogar in einem weiter, wenn man einen angefangenen Gedankengang ruhen lässt, sodass sich nach einer Weile ganz von selbst kreative Einfälle und überraschende Erkenntnisse einstellen.

Tipp

• Seien Sie sich selbst ein guter Chef!

Übernehmen Sie sich selbst gegenüber die Rolle des klugen Pädagogen oder Beraters, und machen Sie sich Gedanken darüber, wie Sie ihren Arbeitsprozess interessant und anregend gestalten können. Da Sie in Ihrem Projekt zugleich Leiter und Mitarbeiter sind,

müssen Sie auch selbst die Führungsrolle übernehmen und beispielsweise für eine gute Arbeitsmotivation sorgen. Informieren Sie
sich in der aktuellen wissenschaftlichen Ratgeberliteratur über effiziente Arbeitsmethoden, und besuchen Sie, falls Sie direkte Anleitung benötigen, Kurse zum wissenschaftlichen Arbeiten und Lesen. Sollten Sie jetzt einwenden wollen, dass das zu zeitaufwändig
wäre und Sie sich lieber auf Ihre gewohnten Arbeitsmethoden verlassen, dann ist das kein gutes Argument. Gewohnheiten sind zwar
die bequemsten, aber selten die effizientesten Methoden.

Tipp

• Lassen Sie die Freizeit nicht zu kurz kommen!

Unterschätzen Sie die Bedeutung Ihrer Freizeitgestaltung nicht.
Freizeit und Erholung tragen wesentlich zum Gelingen Ihres Projekts Doktorarbeit bei. Reservieren Sie ganz bewusst regelmäßig
Zeiten zur Entspannung oder auch für anregende Aktivitäten. Dazu gehören körperliche Betätigungen, bei denen Sie sich austoben
oder abarbeiten können – wie Sport, aber auch Bäume fällen –, Tätigkeiten, die den Geist auf ganz andere Art beanspruchen – wie
zum Beispiel Schach oder Kartenspiel – sowie Gelegenheiten um
einfach mal die Seele baumeln zu lassen – beispielsweise Spazier-
gänge. Leider kommt man oft nicht über gute Vorsätze hinaus.
Wenn man sich zum Beispiel in eine Arbeit verbissen hat und einfach nicht zu einem befriedigenden Abschluss kommt, bleiben die
Pläne für die Freizeit häufig auf der Strecke. Nicht umsonst gibt es
in Ferienklubs den Animateur, der zu Spiel und Sport einlädt und
die Teilnehmer zusammentrommelt. Suchen Sie sich Verbündete,
die Sie mitziehen, und verabreden Sie sich verbindlich zu gemeinsamen Unternehmungen.

Tipp

• Auch Doktoranden brauchen Urlaub!

Auch auf Urlaub und Wochenendreisen sollten Sie nicht gänzlich
verzichten. Vielleicht müssen Sie die Häufigkeit und Dauer etwas

reduzieren. Aber die Vorfreude auf die bevorstehende Auszeit und das Erleben, mal wieder ganz ohne Arbeit die Welt genießen zu können, sind wichtig für Ihr seelisches Gleichgewicht. Mit realistischer Arbeitsplanung von Anfang an können Sie es schaffen, Ihre Urlaubswünsche auch tatsächlich zu realisieren!

Tipp

- Vorsicht vor dem Zwitter »Arbeitsurlaub«!

Manchen gelingt es, sich einen erholsamen Arbeitsurlaub zu organisieren – an einem landschaftlich schönen Ort, wo auch ansprechende Räumlichkeiten zur Verfügung stehen. Man braucht allerdings Disziplin dazu, pro Tag ein bestimmtes Arbeitspensum für die Dissertation zu leisten und anschließend die Urlaubszeit zu genießen.

Wichtig ist, dass Sie sich eine klar umrissene, zeitlich realisierbare Aufgabe setzen und gut überschaubares Material mitnehmen. Geeignete Aufgaben sind zum Beispiel die Überarbeitung von einzelnen Kapiteln oder die Erarbeitung von bereits ausgewählter Literatur. Außerdem gelingt das Vorhaben eher, wenn jemand dabei ist, der es ein wenig »überwacht«.

Fazit: Gutes Selbstmanagement ist gefragt!

Alle bisherigen Empfehlungen zur Organisation und Gestaltung des Arbeitsalltags laufen darauf hinaus, dass Sie eine kluge und freundlich-wohlwollende Haltung gegenüber sich selbst einnehmen sollten. Legen Sie als Ihr eigener Projektmanager Wert darauf, sich die Arbeitsfreude auf Dauer zu erhalten.

Jeder braucht gelegentlich Lob und Anerkennung, um auf Dauer motiviert und erfolgreich arbeiten zu können.

Sparen Sie sich selbst gegenüber also nicht mit Lob. Klopfen Sie sich ruhig auf die Schulter, wenn Sie Ihr Arbeitsziel für den Tag

oder die Woche erreicht haben. Holen Sie sich zusätzlich Anerkennung von außen, indem Sie mit anderen darüber sprechen.
Legen Sie es ruhig ganz explizit darauf an, positives Feedback
zu bekommen – am besten von den Personen, an deren Urteil Ihnen am meisten liegt, zum Beispiel von Ihrem Doktorvater und
von den Kommilitonen in Ihrem Doktoranden-Kolloquium. Der
direkteste Weg ist der, einen so genannten Türöffner zu setzen, das
heißt Ihre Gesprächspartner zu positivem Feedback aufzufordern.
Sie können beispielsweise sagen: »Ich bin zunächst daran interessiert zu hören, was Ihnen positiv aufgefallen ist, was Ihnen gefallen hat, womit Sie einverstanden sind. Äußern Sie bitte erst danach
kritische Anmerkungen und Verbesserungsvorschläge.« Dieses
Vorgehen ist durchaus zu empfehlen. In Seminardiskussionen an
der Universität ist es nämlich leider üblich, vor allem die Mängel
und Schwachpunkte einer Arbeit anzusprechen. Die Vorzüge kommen dabei häufig zu kurz oder werden gar nicht erwähnt.
Viel wichtiger ist jedoch, dass Sie selbst Ihren eigenen Arbeitser-
folg wahrnehmen und entsprechend würdigen. Das erfordert – wie
bereits festgestellt – eine realistische Arbeitsplanung und ein fort-
gesetztes Controlling, mit dem Sie sich den Fortschritt Ihrer Arbeit
beständig vor Augen führen.

Man wächst am Erfolg – weit mehr als an strenger Selbstkritik.

Sie sollten sich daher unbedingt vor destruktiver Selbstkritik und
erst recht vor beständigen Selbstzweifeln hüten. Wenn Ihnen selbst-
kritische Gedanken kommen, sollten Sie natürlich prüfen, ob diese
sachlich begründet sind. Aber wenn es sich um grundlose Zweifel
handelt, die vielleicht nur aus überhöhten Selbstansprüchen resul-
tieren, sollten Sie aktiv versuchen, sich davon zu befreien.
Achten Sie darauf, behutsam mit Ihren Ressourcen umzugehen.
Das bedeutet nicht, dass Sie Begeisterung und leidenschaftliches
Engagement unterdrücken und auf ständigen »Schongang« herun-
terfahren sollten. Es bedeutet vielmehr, für gute und dauerhafte
Kondition zu sorgen, die Ihnen ein kontinuierliches Arbeiten ermöglicht. Machen Sie es wie die Sportler, die sich auf einen Wett-

kampf vorbereiten. Legen Sie es darauf an, psychisch und physisch in guter Verfassung zu bleiben und stetig auf das ferne Ziel hin zu trainieren.

3
Erste Schritte des Projekts – Annäherung an das Thema

Bevor man Arbeitsziele festlegen kann, braucht man zunächst ein Thema. Im folgenden Kapitel wird darum untersucht, welche Schritte nötig sind, um ein Thema zu wählen und festzulegen. Dabei wird besonders auf die Phase der Themensuche näher eingegangen und aufgezeigt, wie Sie bestimmte Fehler bei der Wahl des Themas bewusst vermeiden und ein »gutes« Thema finden können – eins, das Ihren Interessen entspricht und gut zu bearbeiten ist.

Sie bekommen die einzelnen Schritte vorgestellt, mit denen Sie sich Ihrem Thema annähern können.

Um zu verhindern, dass Sie sich an einem viel zu komplexen und breit angelegten Thema erfolglos abmühen, werden Sie mit Fragen und Übungen dazu angeleitet, den Fokus Ihrer Arbeit genau zu bestimmen.

Am Anfang des Promotionsprojekts sollte immer ein konkreter Entwurf, ein so genanntes Exposé, stehen. Sie werden in diesem Kapitel mit den wesentlichen Aspekten und Leitfragen vertraut gemacht, die Sie für die Abfassung benötigen. Das Exposé bildet eine wesentliche Grundlage für die gesamte weitere Planung.

Bevor Sie mit der inhaltlichen Arbeit beginnen, sollten Sie außerdem rechtzeitig bestimmte formale und organisatorische Bedingungen Ihres Projekts klären – zum Beispiel die geforderten fachlichen Voraussetzungen für Ihre Promotion und die Frage der offiziellen Betreuer. Auch dazu finden Sie hier wichtige Hinweise.

Für die Phase der Literaturauswertung wird Ihnen eine Methode des Lesens empfohlen, die dem zweckrationalen Prinzip des Zeitmanagements entspricht: Das aktive Lesen beziehungsweise die SQ3R-Methode. Dies ist eine effiziente Technik, die zudem Ihre Arbeitsmotivation fördert.

Für die weiteren Projektphasen, in denen Sie die Rohfassung schreiben und mehrfach überarbeiten, finden Sie im anschließenden Kapitel über das kreative wissenschaftliche Schreiben ausführliche Hinweise und viele anregende Techniken.

Themensuche und Themenwahl

Wie kommt man zu seinem Promotionsthema? In manchen Fächern ist das relativ einfach. In der Human- und Veterinärmedizin, in Biochemie und Physik ist es zum Beispiel durchaus üblich, dass der Professor ein Thema vorschlägt. Es steht meist im Zusammenhang mit Forschungsfragen, an denen er selbst arbeitet. Oder es werden im Rahmen von Forschungsprojekten und Graduiertenkollegs, die durch Drittmittel gefördert werden, Stellen für Doktoranden ausgeschrieben, die sich auf einzelne Teilbereiche eines Gesamtprojekts beziehen. Um ein Beispiel zu nennen: In der Sonntagsausgabe des Tagesspiegels vom 22.4.2001 sucht das Hahn-Meitner-Institut für den Bereich Solarenergieforschung in Berlin-Wannsee für die Abteilung Dynamik von Grenzflächenreaktionen eine/n Doktorandin/Doktoranden mit Diplom in Physik oder Chemie, der/die über das Thema »MOCVD-Herstellung von III-V-Halbleiterschichten für Photovoltaik« promoviert.

Doktoranden, die so zu ihrem Thema kommen, haben es in diesem Punkt natürlich wesentlich leichter als diejenigen, die es sich selbstständig suchen müssen. Letzteres ist eher typisch für die Geistes- und Gesellschaftswissenschaften.

In vielen Fällen ergibt sich das Promotionsvorhaben aus einer Anstellung als Wissenschaftlicher Assistent oder Mitarbeiter an der betreffenden Universität. Damit ist der fachliche Rahmen bereits grob vorgegeben – es wird erwartet, dass der Assistent sein Promotionsthema aus dem Forschungsfeld der jeweiligen Einrichtung wählt. Das lässt allerdings noch einen erheblichen Entscheidungsspielraum offen. Viele Doktoranden, vor allem diejenigen in den geistes- und gesellschaftswissenschaftlichen Fächern, können ihr Thema frei nach ihren eigenen Interessen wählen. Dafür müssen sie sich dann aber auch auf eigene Faust eins der begehrten Doktoranden-Stipendien aus dem Topf einer Stiftung oder einer anderen Förderungseinrichtung erkämpfen.

Wie geht man nun konkret an die Themensuche heran?

Checkliste

✔ Sollte man die Freiheit nutzen und seinem Lieblingsthema nachgehen?

✔ Oder sollte man lieber zweckrational herangehen und sich ein Thema suchen, das einem bessere Qualifikationen für den Arbeitsmarkt verschafft?

✔ Oder sollte man die Wahl des Themas lieber von der Wahl des Doktorvaters abhängig machen? (Von einem anerkannten Wissenschaftler mit gutem Namen kann man vielleicht nicht nur fachlich profitieren, sondern auch im Hinblick auf die weitere Karriere!)

✔ Je freier man das Thema wählen kann, umso schwerer fällt es oft, sich festzulegen. Es stellt sich die Frage, was überhaupt ein »gutes« Thema ausmacht und anhand welcher Kriterien man es erkennt.

Werfen wir zunächst einen Blick auf die häufigsten Fehler.

Was man bei der Themenwahl vermeiden sollte

»Mein Thema soll originell sein und die Wissenschaft einen bedeutenden Schritt weiterbringen.«

Diese ehrgeizige Zielsetzung wird meist nicht so direkt ausgesprochen, sondern wirkt vielmehr als heimliche, innere Idealvorstellung. Wenn schon eine Doktorarbeit, dann muss es auch etwas Großes, »der große Wurf«, ja geradezu etwas Nobelpreisverdächtiges sein. Aber gerade darin liegt die Tücke! Auch die Erwartung »Das Thema soll zeigen, was wirklich in mir steckt!«, führt meist zu tiefschürfenden, viel zu komplexen oder umfassenden Themenstellungen. Mit einem solchen Anspruch laufen Sie Gefahr, den Maßstab viel zu hoch anzusetzen und sich selbst zu überfordern. Auf die Art kommen Sie womöglich nie zu einem Ende. Sie setzen sich unter unnötig hohen Leistungsdruck und obendrein noch unter den Zwang, sich selbst beweisen zu müssen. Beides wirkt nicht gerade motivierend. Wählen Sie lieber ein Thema, dem Sie sich gewachsen fühlen und für das sie die nötigen Voraussetzungen mitbringen.

Auch die Befürchtung, dass das Thema vielleicht nicht genug hergibt, dass es womöglich zu banal sein könnte, ist häufig ein Hinweis auf überhöhte Ansprüche. Von einer Doktorarbeit bedeutende und überraschende neue Ergebnisse zu erwarten, kommt manchem ganz selbstverständlich vor, ist aber schwer einzulösen. Von offizieller Seite wird das auch gar nicht erwartet. Das Neue ist häufig nur ein kleines Teilstück im Gefüge der Wissenschaft, und manche neu erscheinende Betrachtung kommt durch die Verbindung von zwei bekannten Ansätzen zustande. Der Anspruch bezüglich bedeutender und neuer Erkenntnisse sollte deshalb unbedingt kritisch überprüft werden.

Das Gleiche gilt auch für die Originalität. Zwar muss das Werk eine eigene, originäre Leistung des Autors aufweisen; ob darin jedoch auch etwas schöpferisch Neues zum Ausdruck kommen muss, ist eine Frage der Auslegung. In Promotionsordnungen ist lediglich von einer Leistung die Rede, die »wissenschaftlich beachtenswert« ist »und die Fähigkeit des Verfassers zu selbstständiger Forschung und angemessener Darstellung der Ergebnisse unter Beweis stellt« (so zum Beispiel die Promotionsordnung der Universität Düsseldorf und in ganz ähnlichem Wortlaut auch die der Universitäten Münster, Berlin und Leipzig).

Im Grunde lässt sich die Bedeutung des Themas einer Doktorarbeit auch nur im Zusammenhang des aktuellen Forschungsstandes beurteilen. Es kommt daher wesentlich darauf an, die wissenschaftliche Fragestellung überzeugend zu begründen und in einen größeren Zusammenhang einzuordnen. Letztendlich liegt die Entscheidung aber beim Doktorvater, denn er muss den Themenvorschlag als promotionswürdig einstufen.

»Am besten nehme ich ein aktuelles Thema, das breite Beachtung findet, und werde darin zu einem Experten.«

Hüten Sie sich vor *Modethemen*, die in aller Munde sind, das heißt vor Themen, die in der Fachöffentlichkeit und vielleicht auch in der allgemeinen Öffentlichkeit viel diskutiert werden. Meist liegt dazu eine Fülle von Literatur vor, sodass eine Menge Fleißarbeit auf Sie zukommt. Außerdem verlieren Sie leicht die Motivation, wenn Ihnen das Thema mit der Zeit abgenutzt vorkommt oder täglich neue Veröffentlichungen erscheinen, die Ihre eigenen Erkenntnisse vorwegnehmen.

Aber vielleicht interessieren Sie sich für einen ganz spezifischen Aspekt des Themas oder finden einen relativ unerwarteten theoretischen Zugang. Ein solcher Ansatz kann durchaus sinnvoll und realisierbar sein.

»Das Thema muss etwas mit mir zu tun haben. Ohne persönliche Betroffenheit kann man keine gute Arbeit schreiben.«

Es ist sicher in vielen Fällen von Vorteil, wenn Sie ein persönliches Interesse an Ihrem Thema mitbringen, das heißt wenn persönliche Neigung im Spiel ist und Sie auf eigene Erfahrungen zurückgreifen können. Aber wie weit sollte die persönliche Betroffenheit gehen?

Auch bei der Wahl von Sachthemen spielen häufig ganz persönliche Motive eine Rolle. Manchmal sind eigene praktische Erfahrungen in dem jeweiligen Bereich ausschlaggebend.

Beispiel

Eine Doktorandin beschloss zum Beispiel nach einem Praktikum bei einem privaten Fernsehsender, die Wirkungen der Massenkommunikation im Bezug auf Gewaltdarstellungen zu untersuchen.

Manchmal liegen die Gründe auch tiefer:

Beispiel

Ein Doktorand, der in Psychologie promovierte, wollte das Konstrukt der emotionalen Intelligenz untersuchen. Anscheinend versuchte er auf diese Weise von seiner eigenen »Kopflastigkeit« loszukommen, die ihm insbesondere von Freund*innen* häufig vorgeworfen wurde. Solche selbst verordneten Therapieversuche haben jedoch ihre Tücken. Manchmal behindern sie die Arbeit eher, als dass sie sie voranbringen. Der besagte Doktorand brachte allerdings auch ein ausgeprägtes Interesse an der methodischen Konstruktion von Intelligenztests mit, dem er mit seiner Untersuchung ebenfalls nachging.

Persönliche Betroffenheit schafft nicht immer die besten Voraussetzungen. Sie *kann* sich durchaus motivierend auswirken, wird mitunter aber auch zum Problem.

Beispiele

- Eine Doktorandin ging in ihrer soziologischen Untersuchung der »Arisierung von jüdischen Unternehmen« während des Nationalsozialismus nach. Sie war durch den Kontakt zu betroffenen jüdischen Familien auf ihr Thema gekommen. Allerdings stärkte die persönliche Anteilnahme sie nicht nur in ihrem Engagement, sondern sie empfand die leidvollen Berichte ihrer Interviewpartner teilweise auch als sehr belastend.
- Im Fall einer anderen Doktorandin führte die Betroffenheit zu größeren Problemen. Sie wollte in ihrer Arbeit die Wirkung von Sekten auf junge Erwachsene untersuchen. Sie war selbst einige Jahre lang Mitglied einer Sekte gewesen und hatte sich unter großen Anstrengungen daraus befreit. Es dauerte lange, bis sie ihr Thema in den Griff bekam, da sie es ungeheuer breit angelegt hatte und auf keinen der angeführten Aspekte verzichten wollte.

Man kann eigene Erfahrungen nur dann produktiv einbringen, wenn man sie bereits angemessen verarbeitet und eine gewisse Distanz zu ihnen gewonnen hat. Wenn es sich um besonders schmerzliche oder bedrohliche Erlebnisse handelt, wird es jedoch schwer fallen, das Thema sachlich zu bearbeiten.

»Persönliches Interesse am Thema spielt keine Rolle. Auf das Renommee des Doktorvaters kommt es an.«

Wenn Ihr Doktorvater auf seinem Gebiet eine Koryphäe ist, werden Sie vermutlich auch davon profitieren können. Vielleicht wird er Sie zu einer beachtenswerten wissenschaftlichen Leistung anleiten, vielleicht nützt Ihnen sein Einfluss auch für Ihre berufliche Karriere. Aber Vorsicht – Sie selbst müssen die Arbeit leisten! Und ohne eigenes, persönliches Interesse an der Sache werden Sie nicht die nötige Motivation aufbringen, um das Projekt erfolgreich zu Ende zu führen. Verlassen Sie sich lieber auf Ihre eigenen Kompetenzen und Energien!

»Auf das Thema kommt es nicht an, ich will nur den Doktortitel!«

Wenn Sie kein oder nur ein geringes Interesse an der Sache mitbringen, dann wird das Arbeiten sich zu einem öden und zähen Ringen entwickeln, das Sie große Überwindung und Selbstdisziplin kostet. Ob Sie damit Ihre wissenschaftliche Kompetenz weiterentwickeln können, ist höchst fragwürdig. Ein Thema, das einen herausfordert, löst *Zugmotivation* aus: Es zieht Sie sozusagen an und mobilisiert Ihre Energien. Außerdem werden Sie es als sinnvolle Arbeit erleben. Ein Thema, das einen gleichgültig lässt, ist nur mit *Druckmotivation* und mit der Orientierung an fernen, zukünftigen Zweckzielen zu bewältigen. Sie werden es auf Dauer schwer haben, sich selbst davon zu überzeugen, dass Ihr Tun sinnvoll ist. Vermutlich wird Ihnen das Thema über kurz oder lang zum Halse heraushängen.

Was folgt aus der Betrachtung der Fehler?

Woran erkennt man ein »gutes« Thema?

Auf jeden Fall sollten Sie ein starkes und dauerhaftes Interesse an der Sache selbst mitbringen, denn immerhin müssen Sie sich über mehrere Jahre hin mit ihr beschäftigen. Das Thema sollte Ihre Neugier wecken und Ihnen sinnvoll und wichtig erscheinen, sodass Sie das Gefühl bekommen, es lohnt sich, einen beträchtlichen Teil Ihrer Lebenszeit darein zu investieren – denn darauf läuft es hinaus!

Das Thema sollte Sie auch persönlich berühren. Das bedeutet nicht unbedingt, dass Sie eine große Leidenschaft dafür aufbringen müssen, aber so etwas wie Neigung und Sympathie sollte schon im Spiel sein.

Themen für Doktorarbeiten (ebenso wie für wissenschaftliche Examensarbeiten) sind typischerweise fast immer zu weit gefasst. Sie sind so komplex und umfassend, dass man ihnen nur mit riesigem Arbeitsaufwand gerecht werden kann. Das wird aber erst dann richtig klar, wenn man sie konkretisiert und in Arbeitsabläufe übersetzt. Auch Themen, die zunächst klein erscheinen, weiten sich schnell aus, wenn man anfängt sie zu durchdenken.[7]

Darum gilt:

Realisierbarkeit ist das oberste Kriterium für ein gutes Thema.

Checkliste

Fragen Sie sich, ob Ihr Thema »handhabbar«, das heißt tatsächlich gut zu bearbeiten ist. Dazu sollten Sie gründlich prüfen,

✔ ob die angestrebten Ziele in der vorgesehenen Zeit auch erreichbar sind,

✔ ob Quellen für die erforderlichen Daten verfügbar sind und

✔ ob die vorgesehenen Methoden praktikabel sind.

Aber nicht nur das Thema selbst, sondern auch die individuellen Voraussetzungen müssen stimmen (auf diesen Punkt weist auch Umberto Eco in seinen Empfehlungen für das Schreiben einer wissenschaftlichen Abschlussarbeit hin)[8].

Das Thema muss für *Sie* geeignet sein – und Sie für das Thema.

Checkliste

Wer sich für ein Thema entscheidet, sollte sich daher vorher fragen, ob er die nötigen Fähigkeiten besitzt – im Einzelnen:

✔ ob er den erforderlichen Umgang mit Quellen beherrscht,
✔ ob er die entsprechenden Methoden anwenden kann und
✔ ob er über den nötigen Wissenshintergrund verfügt, um die Fragestellung angemessen zu bearbeiten.

Hier geht es nicht mehr um objektive Kriterien für die Realisierbarkeit des Projekts *an sich*, sondern um eine *Selbstprüfung* – um die ganz wesentliche Frage: Bin ich als Doktorand mit meinen Voraussetzungen dazu in der Lage, dieses Thema zu bewältigen?

Es ist durchaus nicht selbstverständlich, dass man diesen Punkt berücksichtigt. Manche Doktoranden wählen im Gegenteil bewusst ein Thema, für das sie sich erst mit einem neuen Sachgebiet vertraut machen oder sich neue Methoden aneignen müssen. Sie wollen auf diese Weise »Neuland erschließen« oder etwas nachholen, das sie bisher versäumt haben. Vorsicht vor derart selbsterzieherischen Absichten! Daraus können schnell Hürden entstehen, die nur schwer zu überwinden sind.

Für Ihre Motivation wirkt es sich wesentlich günstiger aus, wenn Sie sich »die Sache leicht machen« und sich gerade auf das verlegen, was Sie besonders gut können und worin Sie sich auskennen.

Themensuche – Schritt für Schritt

1. Suchen Sie sich konkrete Anhaltspunkte!
Wenn Sie noch ganz am Anfang stehen und noch keine richtige Idee zu einem Thema haben, sondern nur ganz vage Vorstellungen,

dann sollten Sie folgendermaßen vorgehen: Greifen Sie auf Ihre bisherigen fachlichen Schwerpunkte zurück, und versuchen Sie an Themen anzuknüpfen, mit denen Sie sich bereits beschäftigt haben – zum Beispiel im Rahmen Ihrer Magister- oder Diplomarbeit. Oder besinnen Sie sich auf Hausarbeiten und Seminarreferate, die Sie besonders interessant fanden. Wenn sich daraus kein positiver Anhaltspunkt ergibt, dann versuchen Sie es mit Ihren aktuellen Interessengebieten: Überlegen Sie, welches Problem, welche Frage, welches Ereignis Sie in der letzten Zeit besonders beschäftigt hat (allerdings sollte dieses Problem etwas mit Ihrem Fach zu tun haben). Halten Sie alle Einfälle schriftlich fest.

2. Aktivieren Sie Ihr Vorwissen!

Im nächsten Schritt sollten Sie nicht gleich in die Fachliteratur einsteigen. Schöpfen Sie zunächst Ihr eigenes Wissen aus, und sammeln Sie, was Ihnen spontan einfällt. Machen Sie ein kleines Brainstorming, indem Sie alle Ideen und Assoziationen auf ein leeres Blatt schreiben. Die wichtigste Regel dafür lautet: Schalten Sie den inneren Zensor ab! Schreiben Sie auf, welche Aspekte Ihnen interessant erscheinen, welche Fragen sich dazu stellen, was für Ansichten Sie zu dem Thema haben, welche unterschiedlichen Meinungen dazu vorherrschen und so weiter (Sie können dafür auch die anregende Technik des Clusterns benutzen, die Sie im Kapitel über das kreative Schreiben finden). Vermutlich werden sich bei diesem Vorgehen ein oder zwei Themen herauskristallisieren, die Ihnen besonders ergiebig erscheinen.

3. Betreiben Sie systematisch »Informationsbeschaffung«!

Überlegen Sie, welche Experten und Institutionen an diesem Thema oder verwandten Inhalten arbeiten. Von wem könnten Sie nützliche Informationen bekommen? Bei welchen Institutionen gibt es möglicherweise Material? Welche Kontakte könnten Ihnen weiterhelfen? Notieren Sie alle Ihre Einfälle.

4. Reden Sie über Ihr Thema!

Erzählen Sie Kollegen und Freunden von Ihren Themenentwürfen. Suchen Sie das Gespräch und den Meinungsaustausch. Auf diese Weise bekommen Sie bestimmt ein paar Anregungen und

Denkanstöße. Wenn Sie erst einmal auf Themen aufmerksam geworden sind, finden Sie sicher auch in den Medien weitere Informationen.

Wählen Sie eine Idee für ein Thema aus Ihrer Sammlung aus – entweder nach Ihrer Vorliebe oder nach dem Zufallsprinzip. Gehen Sie damit zum nächsten Schritt über:

5. Erste Recherchen zum Thema

Jetzt ist der Gang in die Bibliothek oder ins Archiv an der Reihe. Verschaffen Sie sich einen ersten Überblick über die Behandlung Ihres Themas und die damit verbundenen Schlagworte. Recherchieren Sie auch im Internet. Besuchen Sie Institutionen, die Ihnen weiterhelfen können. Verabreden Sie Termine mit Experten zu Ihrem Thema – das können Wissenschaftler, aber auch Leute aus der Praxis sein –, und sammeln Sie weitere Informationen. Diskutieren Sie über Ihr Thema, und knüpfen Sie bewusst Kontakte. Vielleicht können Sie in späteren Projektphasen einmal darauf zurückgreifen. Ihr Projekt ist jetzt in die Realisierungsphase eingetreten. Das Recherchieren kostet Sie bereits eine Menge Arbeit. Aber nur so können Sie Ihr Thema greifbar machen. In einem nächsten Schritt sollten Sie sich intensiver mit der Literatur befassen.

6. Einstieg in die Literaturrecherche

Verschaffen Sie sich zunächst einen groben Überblick, was an Literatur zu Ihrem Thema vorliegt. Stellen Sie fest, mit welchen Theorien Sie sich auf jeden Fall befassen müssen, wie umfangreich diese Literatur ist und wo und wie sie zu beschaffen ist. Suchen Sie nach neueren Überblicksartikeln in Fachzeitschriften und Handbüchern, in denen Sie sich über den aktuellen Erkenntnisstand zu wesentlichen Aspekten Ihres Themas informieren können. Forschen Sie auch nach den jüngsten Tagungsberichten. Nehmen Sie sich diese Literatur gezielt vor. Sie werden darin entscheidende Anregungen für die weitere Beschäftigung mit dem Thema finden. Prüfen Sie, ob und wie Ihr Themenentwurf sich dadurch verändert.

7. Konkretisieren Sie Ihr Thema!

Versuchen Sie anschließend, Ihr Thema genauer zu bestimmen. Überlegen Sie, auf welche Fragestellung Ihre Untersuchung sich richten soll, welches Material Sie dazu heranziehen und mit welcher Methode sie arbeiten wollen. Formulieren Sie einen ersten Arbeitstitel für Ihre Doktorarbeit.

Das Thema bestimmen und eingrenzen

Wenn Sie Ihr Thema erkundet, die Literatur dazu sondiert und einen ersten Überblick über den Stand der Diskussion gewonnen haben, dann sollten Sie sich bemühen, Ihr Thema einzugrenzen. Nehmen Sie diesen Schritt wirklich wichtig – er entscheidet wesentlich über das Gelingen Ihres Projekts. Hoffen Sie nicht darauf, dass die genaue Aufgabenstellung sich mit der Zeit von allein herauskristallisiert. Sie ersparen sich viel unnötige Arbeit, wenn Sie Ihr Thema frühzeitig eingrenzen.

Beginnen Sie damit, dass Sie die zentrale oder vielleicht auch nur die übergreifende Fragestellung formulieren. Leiten Sie daraus die weiteren Leitfragen Ihrer Untersuchung ab. Manchmal ist es auch leichter, zuerst die einzelnen Fragen festzuhalten und über sie zu der zentralen Frage zu gelangen.

Werden Sie konkret, und halten Sie schriftlich fest,

- welches Problem Sie klären oder lösen wollen,
- welche Fragen Sie beantworten wollen,
- wie Sie methodisch vorgehen wollen.

Die meisten Themen sind zu Beginn ziemlich breit und komplex. Sie stehen vor der Entscheidung, auf welchen Ausschnitt der Realität oder der Welt der Ideen Sie sich mit Ihrer Arbeit richten wollen. Versuchen Sie, den Gegenstand Ihrer Untersuchung möglichst präzise zu umreißen. Nur so können Sie ihn später auch bewältigen.

Die folgenden kleinen Übungen können Ihnen helfen, wenn Sie Schwierigkeiten haben, die Sache in den Griff zu bekommen.[9]

Übungen

- Beschreiben Sie den Kern Ihrer Arbeit kurz und knapp in drei Minuten (am besten stellen Sie sich einen Wecker). Stellen Sie möglichst konkret und allgemein verständlich dar, worauf Ihre Fragestellung abzielt. Vermeiden Sie dabei Fachchinesisch.
- Eine Variation dazu: Stellen Sie sich vor, Sie wollten einem zwölfjährigen Kind erklären, worum es in Ihrer Arbeit geht. Das ist nicht leicht, aber eine hervorragende Übung! Ich habe sie mit bestem Erfolg in meinen Doktoranden-Workshops eingesetzt.
- Für stark visuell orientierte Menschen: Stellen Sie sich vor, Sie sollten einen Film über den Gegenstand Ihrer Arbeit drehen. Er ist Objekt und Hauptfigur des Films und soll absolut im Brennpunkt stehen. Die Kameraführung soll ihn entsprechend in den Vordergrund rücken. Alles Übrige muss in die passende Beziehung zu ihm gesetzt werden. Es darf nur ein Objekt dargestellt werden (eventuell kann es auch ein Verhältnis zwischen zwei Objekten sein). Benennen Sie das Objekt genau, und überlegen Sie, wie Sie es in Szene setzen wollen.

Wenn der Fokus der Arbeit deutlich geworden ist, dann sollten Sie die weiteren Fragen klären:

Checkliste

✔ Auf welches Material wollen Sie Ihre Untersuchung stützen? Es können zum Beispiel bestimmte (historische) Quellen sein, die Sie auswerten, oder Theorien, die Sie vergleichend analysieren, oder empirische Daten.
✔ Wie werden Sie methodisch vorgehen? Wollen Sie Ihre Erkenntnisse zum Beispiel experimentell gewinnen, Texte interpretieren oder ein Modell entwickeln?

Ein Beispiel dazu:

Beispiel

Die Diplom-Soziologin Kathrin hat sich in einem Seminar über Fernsehen und Massenkommunikation mit Soap Operas aus dem Vorabendprogramm des Fernsehens beschäftigt. Sie ärgerte sich dabei über die klischeehafte und stereotype Darstellung von türkischen Mitbürgern und meinte, dass die Fernsehfilme Vorurteile gegenüber Ausländern förderten. Sie überlegt sich, ob sie diesen Einfluss in einer geplanten Doktorarbeit untersuchen könnte.

Das wirft eine Reihe von Fragen auf:

• Soll sie die Fernsehsendungen auf ihren Inhalt hin untersuchen und darin speziell die Darstellung von türkischen Mitbürgern herausarbeiten? Wie diese charakterisiert werden, in welcher beruflichen Rolle sie auftreten, ob sie gesellschaftlich integriert sind oder eher als Mitglied einer Randgruppe erscheinen, wie sympathisch/unsympathisch sie gezeichnet sind?

• Auf welche Fernsehsendungen soll sie sich konzentrieren? Soll sie verschiedene Serien oder vielleicht auch Serien verschiedener Fernsehsender, bei denen sie auffallende Unterschiede in der Darstellung von Ausländern vermutet, miteinander vergleichen?

• Oder soll sie lieber ihrem Interesse nachgehen zu erfassen, welche Wirkungen bei den Zuschauern erzielt werden – ob die Fernsehsendungen beispielsweise die Einstellung gegenüber Ausländern negativ beeinflussen?

• Auf welche Zuschauergruppe sollte sie sich dabei konzentrieren? Insbesondere auf Jugendliche? Auf Fans der jeweiligen Sendereihe oder auf eine neutrale Gruppe? Sollte sie vielleicht diese beiden Gruppen miteinander vergleichen?

Wenn sie sich im Rahmen der geplanten Arbeit für die ersten beiden Fragestellungen entscheiden würde, liefe das in methodischer Hinsicht auf eine Inhaltsanalyse an den Fernsehfilmen hinaus. Es ginge dann darum auszuwerten, wie beispielsweise Türken in diesen Filmen dargestellt werden. Die anderen Fragen zielen in methodischer Hinsicht auf eine empirische Wirkungsstudie ab. Daraus würden sich einige Schwierigkeiten ergeben – sowohl bei der Auswahl der Zielgruppe als auch hinsichtlich der Frage, wie die betreffenden Wirkungen nachzuweisen wären. Das wäre dann aber eine ganz andere Arbeit!

Auf jeden Fall muss die angehende Doktorandin ihr Thema mithilfe weiterer Fragen eingrenzen – auf eine bestimmte Fragestellung, auf ein methodisches Vorgehen und auf die Aspekte, die sie untersuchen will. Außerdem müsste sie sich mit der Literatur zu den verschiedenen Aspekten vertraut machen, um entscheiden zu können, auf welche theoretischen Ansätze sie sich stützen kann und welche Methoden infrage kommen.

Bei der Planung des Projekts Doktorarbeit gibt es also eine Menge zu bedenken. Am Ende dieser Phase sollte als Arbeitsprodukt ein Exposé angefertigt werden.

Das Exposé

Das Exposé stellt den Entwurf Ihres Projekts Doktorarbeit dar. Es soll eine komprimierte Beschreibung der geplanten Arbeit enthalten. Zum einen gibt es die Bestandsaufnahme Ihrer bisherigen Planungsarbeit wieder, zum anderen umfasst es die weiteren Phasen der Realisierung. Es verlangt von Ihnen einen Aufriss des Problems, von dem Ihre Untersuchung ausgehen soll. Außerdem müssen Sie auf die theoretischen Grundlagen eingehen, auf denen Ihre Arbeit aufbauen soll.

Darüber hinaus wird erwartet, dass Sie die folgenden, grundlegenden Punkte klären:

- die Fragestellung Ihrer Untersuchung,
- die Zielsetzung,
- das methodische Vorgehen und
- die Aspekte, unter denen Sie Ihre Untersuchung durchführen und Ihr Material auswerten wollen.

Des Weiteren sollten Sie abschätzen, wie umfangreich die Arbeit wird, die Sie im Bezug auf die Quellenlage und die Bearbeitung von Literatur beziehungsweise Material zu leisten haben. Eine vorläufige Gliederung gehört ebenfalls zum Exposé. Und last not least: Das Exposé sollte einen groben Zeitplan für die Umsetzung der Projektphasen umfassen.

Verzichten Sie auf keinen Fall darauf, vor Beginn Ihres Projekts ein Exposé zu schreiben!

Wer ein Projekt von mehreren Jahren vor sich hat, sollte nicht ohne Fahrplan starten. Sonst wird nur allzu leicht eine leidvolle Odyssee daraus. Das Exposé stellt Sie vor die Aufgabe, Ihr Vorhaben gründlich zu durchdenken und zu überprüfen, ob es realisierbar ist. Dieser erste, grundlegende Plan zu Ihrem Projekt ist gleichzeitig ein äußerst wichtiges Instrument der Selbstkontrolle. Er deckt Schwachpunkte auf und fordert Sie dazu auf, die Konsequenzen daraus zu ziehen. Außerdem ist er eine sehr nützliche Basis für Gespräche mit Ihren Betreuern.

Nicht alle Doktorväter verlangen ein Exposé. Aber Sie sollten es von sich verlangen. Die Arbeit, die Sie darauf verwenden, zahlt sich aus, denn Sie können auf diese Art besser der Gefahr entgehen, sich in Sackgassen zu verrennen oder viel zu verschwenderisch mit Ihrer Zeit umzugehen. Außerdem können Sie später bei der Detailarbeit immer wieder auf das Exposé zurückgreifen. Es dient Ihnen als roter Faden und schützt Sie davor, sich in der Fülle von Einzelaspekten zu verlieren.

Der folgende Leitfaden zur Anfertigung eines Exposés stammt von Otto Kruse, der in seinem Buch *Keine Angst vor dem leeren Blatt* (1995, S. 177) sehr hilfreiche Empfehlungen für das Schreiben von wissenschaftlichen Arbeiten gibt.

Bestandteile eines Exposés

Checkliste

✔ *Stand der Forschung*: Welche Erkenntnisse liegen bisher vor, und wie soll sich der eigene Beitrag auf diese Erkenntnisse beziehen?

✔ *Problem*: Welches theoretische, praktische, empirische, soziale, politische Problem ist Ausgangspunkt der Arbeit?

✔ *Erkenntnisinteresse*: Was motiviert Sie zu dieser Arbeit?

✔ *Eigene theoretische Position*: Auf der Basis welcher Theorie wollen Sie die Fragestellung bearbeiten?

✔ *Fragestellung*: Wie lautet die Forschungsfrage, auf die die Arbeit eine Antwort liefern soll?

✔ *Zielsetzung*: Zu welchem Ziel soll die Arbeit führen?

✔ *Methodisches Vorgehen*: Welche Arbeitsschritte und welche Vorgehensweisen sollen zur Lösung führen?

✔ *Vorarbeiten*: Welche bisher geleisteten Arbeiten können in die neue Arbeit eingehen? Wie ist die Arbeit dadurch vorstrukturiert?

✔ *Quellenlage*: Welche Quellen gibt es, und welche sollen bearbeitet werden?

✔ *Umfang der Material- oder Literaturrecherchen*: Welche Grenzen sollen in der Literatur- oder Quellenarbeit eingehalten werden?

✔ *Vorläufige Analyse- oder Auswertungsgesichtspunkte der Quellen*: Wie sollen die Quellen ausgewertet werden?

✔ *Vorläufige Gliederung*: Wie könnte das Material in einer Gliederung strukturiert werden?

✔ *Zeitplan*: Bis wann sollen die wichtigsten Etappen der Arbeit bewältigt sein? Wann wird sie vollendet sein? Welche äußeren Faktoren können dabei eine Rolle spielen?

✔ *Benötigte Mittel*: Welche Sachkosten, Personalkosten, Reisemittel und Anforderungen an Beratung und Anleitung werden anfallen?

Kruse grenzt »Fragestellung« und »Zielsetzung« folgendermaßen gegeneinander ab: Während die Fragestellung die Leitfragen formuliert, die sich auf den Gegenstand der Untersuchung beziehen – zum Beispiel darauf, was an dem Gegenstand unklar, problematisch, widersprüchlich ist –, geht es bei der Zielsetzung einer Arbeit darum, welchen Erkenntnisgewinn die Arbeit für die Wissenschaft bringen soll, was mit ihrer Hilfe erreicht werden soll – zum Beispiel einen Beitrag zum Verständnis eines Phänomens zu leisten, in einen Diskurs einzugreifen, Positionen miteinander zu vergleichen.

Mit dem Erkenntnisinteresse wird die persönliche Motivation angesprochen. Es geht dabei nicht um eine Rechtfertigung des Interesses unter ethischen, politischen oder sonstigen Aspekten, sondern lediglich um die Klärung des persönlichen Bezugs zum Thema.

Das Formale klären – Hinweise zum Organisatorischen

Auf diesen Schritt des Projekts möchte ich nur kurz eingehen und Sie lediglich auf einige wesentliche Punkte aufmerksam machen. Ausführliche Informationen über die formalen Bedingungen finden Sie in dem Buch *Promotionsratgeber* von Engel und Preißner (1998).

1. Promotionsordnung gründlich studieren

Prüfen Sie vor Projektbeginn die Promotionsordnung für das Fach, in dem Sie promovieren wollen. Promotionsordnungen sind fakultäts- beziehungsweise fachbereichsspezifisch. Manche Universitäten haben auch eine einheitliche, fächerübergreifende Promotionsordnung. Achten Sie besonders auf Zulassungsvoraussetzungen wie zum Beispiel spezifische fachliche Leistungsnachweise. Das gilt insbesondere, wenn Sie in einem anderem Fach als dem promovieren wollen, in dem Sie Ihr Examen gemacht haben. Lassen Sie sich jedoch vom Text allein nicht zu sehr beeindrucken. Manchmal sind Promotionsordnungen veraltet und von der Praxis längst überholt. Halten Sie im Zweifelsfall Rücksprache mit den zuständigen Vertretern des Fachbereichs.

Vielleicht kommen für Ihr Thema auch andere Fächer oder Fachbereiche infrage als die, an die man zuerst denken würde. Sie sollten Ihre Recherche entsprechend ausdehnen.

Die Promotionsordnungen legen auch die Prüfungsleistungen fest. Manche sehen eine mündliche Disputation vor, in der Sie Ihr Thema gegenüber Vertretern der Fakultät verteidigen müssen. Andere verlangen ein Rigorosum, das heißt mündliche Prüfungen in mehreren Fächern. Vergewissern Sie sich, ob Sie für diese Prüfungsfächer noch besondere Leistungsnachweise erwerben müssen, wie es mit Ihren fachlichen Voraussetzungen steht und welchen Aufwand die Prüfungsvorbereitung dementsprechend noch erfordert.

2. Wer kommt als Betreuer infrage?

Nachdem Sie sich für ein Fach entschieden haben, suchen Sie nach möglichen Betreuern für Ihre Arbeit. Wenn Sie die zuständigen Professoren nicht kennen, sollten Sie sich zunächst über Ihre Schwerpunkte in Forschung und Lehre, über laufende Forschungsprojekte und weitere Aktivitäten informieren. Sie können auch Lehrveranstaltungen und Vorträge der betreffenden Dozenten besuchen, um einen näheren Eindruck zu gewinnen. Es ist auf jeden Fall empfehlenswert, sich noch vor einem persönlichen Gespräch erste Informationen zu verschaffen. Hören Sie sich auch ein wenig unter den Studierenden und Mitarbeitern des jeweiligen Lehrstuhls um.

3. Den richtigen Doktorvater finden

An welchen Kriterien sollten Sie sich bei der Wahl Ihres Doktorvaters orientieren?

- *Conditio sine qua non* ist, dass er Bedeutung und theoretischen Hintergrund Ihres vorgeschlagenen Themas einschätzen kann. Das heißt nicht, dass er unbedingt ein Experte auf Ihrem Spezialgebiet sein muss. Viel wichtiger ist, dass er sich für Ihr Thema interessiert. Am besten fragen Sie ihn ganz direkt danach.
- Stellen Sie fest, ob Sie zueinander passen. Am wichtigsten ist sicher eine gemeinsame Basis im Hinblick auf wissenschaftliche

beziehungsweise wissenschaftstheoretische Fragen. Wenn man darin völlig unterschiedliche Positionen vertritt, wird man sich kaum konstruktiv auseinander setzen können. Darüber hinaus sollte aber auch ein »persönlicher Draht« zwischen Ihnen bestehen. Sie sollten das Gefühl haben, dass Sie mit Ihrem Betreuer gut reden können. Immerhin sind Sie über mehrere Jahre auf Gespräche mit ihm angewiesen. Dabei wird es zwangsläufig auch zu Auseinandersetzungen kommen. Ein gewisses Maß an Sympathie kann die Sache erheblich erleichtern.

- Gemeinsame Maßstäbe sind ein weiterer, wichtiger Aspekt. Wenn Sie selbst eine ordentliche, aber nicht übermäßig anspruchsvolle Dissertation in möglichst kurzer Zeit verfassen wollen, dann sollten Sie sich keinen Betreuer aussuchen, der für seine übertriebenen Erwartungen und seine Arbeitswut bekannt ist. Sprechen Sie diesen Punkt unbedingt frühzeitig an, wenn Sie erste Gespräche mit potenziellen Betreuern führen.

4. Bedingungen der Betreuung abklären

Wie das Betreuungsverhältnis zu gestalten ist, steht nirgendwo festgeschrieben. Sprechen Sie darum mit Ihrem zukünftigen Doktorvater über die Bedingungen. Stellen Sie fest, ob Ihre beiderseitigen Erwartungen zueinander passen. Mancher viel beschäftigte Professor will möglichst wenig von seinen Doktoranden behelligt werden. Andere nehmen die Betreuung sehr wichtig und setzen von sich aus regelmäßige Treffen an. Prüfen Sie, was für Sie am günstigsten ist. Treffen Sie auf jeden Fall Absprachen, und überlassen Sie es nicht dem Zufall, wie die Kommunikation verläuft. Diese Vereinbarungen sind erste Rahmenbedingung für Ihr Arbeitsprojekt. Sie werden besser vorankommen, wenn Sie klare Termine für die Abgabe von Zwischenergebnissen vor Augen haben. Ein regelmäßiger Rapport verhindert, dass Sie sich in eigenwillige Betrachtungen verlieren, und sorgt für einen positiven Spannungsbogen.

5. Denken Sie an den Zweitgutachter!

Auch den Zweitgutachter sollten Sie sich gleich zu Projektbeginn nach den gleichen Kriterien aussuchen. Mit ihm müssen Sie kein so intensives Betreuungsverhältnis aufbauen. Aber es empfiehlt sich, auch mit ihm in regelmäßigem Kontakt zu bleiben. Nutzen Sie ihn als weiterer Gesprächspartner, von dem Sie Anregungen beziehen können. Besonders bei strittigen Fragen kann es sehr hilfreich sein, eine zweite Meinung zu hören. Außerdem zählt die Beurteilung des Zweitgutachters letztendlich ebenso viel wie die des Erstgutachters.

Empfehlungen zum ökonomischen Lesen

Auf die Phase der Literaturauswertung möchte ich ebenfalls nur kurz eingehen. Vermutlich haben Sie bereits Ihre eigene Lesemethode, auf die Sie schwören. Wenn Sie damit gut zurechtkommen, sollten Sie sie auch beibehalten. Aber nach meinen Erfahrungen erliegen Doktoranden sehr häufig der Gefahr, dass sie viel zu viel lesen und sich viel zu lange mit dieser Phase aufhalten. Manche verlieren sich beim Lesen in der Breite der Fachliteratur und verlieren ihre Themenstellung aus den Augen. Das Auswerten der Literatur und das Schreiben kommen darüber oft zu kurz.

Ich möchte Ihnen darum dringend empfehlen, sich um ökonomisches und effizientes Lesen zu bemühen. In der Anfangsphase des Projekts, bei der Themensuche, mag das freie Lesen zur ersten Orientierung noch sinnvoll sein. Man kann sich dadurch inspirieren lassen und neue Aspekte entdecken. Dennoch sollte man möglichst früh dazu übergehen, bewusst und gezielt zu lesen.[10]

Tipp

- Lesen Sie gezielt, selektiv und ergebnisorientiert.

Das heißt:

- Bestimmen Sie als Erstes Ihr Leseziel.
- Formulieren Sie, wie Sie es in dem Kapitel über realistische Arbeitsplanung gelernt haben, ganz konkret, welches Ergebnis Sie durch die Lektüre erzielen wollen.
- Klären Sie unbedingt vor dem Lesen, welche Teile des Buches oder Aufsatzes Sie auswählen und worauf Sie Ihre Aufmerksam-

keit richten wollen. Entscheiden Sie, ob Sie bestimmte Informationen oder Ergebnisse suchen beziehungsweise an welchen Aussagen Sie interessiert sind. Wählen Sie anschließend eine geeignete Lesemethode.

Zielke (1988) unterscheidet die folgenden Lesemethoden:

Checkliste

✔ das *orientierende* oder auch *kursorische Lesen*, bei dem man die Seiten rasch überfliegt, den Blick über größere Einheiten gleiten lässt und auf wichtige Stellen wie zum Beispiel Überschriften, Übersichten und Zusammenfassungen achtet,

✔ das *selektive Lesen*, bei dem man seine Aufmerksamkeit gezielt auf bestimmte Informationen richtet, und

✔ das *strukturierende Lesen*, bei dem man langsam und gründlich vorgeht und versucht, die Zusammenhänge nachzuvollziehen.

Vielleicht kennen Sie bereits die Methode des Aktiven Lesens, die so genannte SQ3R-Methode von Robinson. Ich möchte sie Ihnen hier besonders zur Anwendung empfehlen. Sie vermittelt ein ganz wichtiges Prinzip des Lesens, nämlich das, immer mit expliziten Fragen an die Texte heranzugehen. Zur Auffrischung oder auch Verbesserung Ihrer Arbeitstechnik soll sie im Folgenden kurz charakterisiert werden.

S wie Survey: Verschaffen Sie sich zunächst einen Überblick über den gesamten Aufsatz, das Kapitel beziehungsweise den Abschnitt, bevor Sie mit dem intensiven Lesen starten. Bauen Sie dabei im Kopf eine Grobstruktur auf, die Sie anschließend mit Inhalt füllen.

Q wie Question: Machen Sie sich die Fragen bewusst, die Sie an den Text herantragen. Interessieren Sie sich für bestimmte

Aussagen, für eine bestimmte Theorie oder lediglich dafür, ob bestimmte Autoren erwähnt werden? Zu welchen Fragen und Hypothesen Ihrer eigenen Arbeit suchen Sie Informationen und Hinweise? Wenn die zu lesenden Texte für Ihre Arbeit besonders wichtig sind, sollten Sie Ihre Fragen auch schriftlich festhalten. Entscheiden Sie dann, welche Teile des Textes für Sie besonders relevant sind und welche Sie nur überfliegen wollen.

R wie Read: Erst im nächsten Schritt sollten Sie mit dem Lesen beginnen. Werten Sie den Text anhand Ihrer Fragen aus. Dabei können sich durchaus auch andere Schwerpunkte, neue Fragen oder weitere Ausdifferenzierungen ergeben. Gehen Sie flexibel darauf ein, aber prüfen sie immer, ob die Informationen auch tatsächlich aufschlussreich für Ihre Arbeit sind. Beim Lesen können Sie gleichzeitig die wichtigen Textstellen markieren und Randnotizen anbringen. Markieren Sie auch die Stellen, die Ihnen noch nicht ganz klar sind, die Sie aber für wichtig halten. Versuchen Sie nicht, schon beim ersten Lesen alles zu verstehen. Gehen Sie lieber in einem weiteren Durchgang ins Detail.

R wie Recite: Geben Sie die Ausführungen, die für Sie relevant sind, mit eigenen Worten wieder. Trennen Sie Wichtiges von Unwichtigem. Klären Sie auch, was für Sie an weiterem Interessantem hinzugekommen ist. Versuchen Sie, die neuen Informationen zu gewichten und einzuordnen. Schreiben Sie die Ergebnisse, die Sie für relevant halten, anschließend kurz und knapp in Stichworten auf.

R wie Review: Das dritte R steht für einen weiteren Lesedurchgang, bei dem Sie sich die markierten und unklar gebliebenen Textstellen noch einmal vornehmen. Dieser Schritt dient der Vertiefung und Kontrolle Ihres bisherigen Verständnisses. Anschließend können Sie ihre Notizen ergänzen.

Die SQ3R-Methode heißt nicht umsonst *aktives* Lesen: Sie erfordert tatsächlich eine höchst aktive und aufnahmebereite Haltung. Sie sorgt dafür, dass Sie zielgerichtet und selektierend vorgehen und Ihren Text mit gebündelter Konzentration auswerten. Sie leitet Sie dazu an, Texte gründlich zu verarbeiten. Dabei müssen Sie ständig Entscheidungen treffen – über die Wichtigkeit der Informationen, aber auch darüber, welche weiteren Arbeitsschritte erforderlich sind.

Auch wenn Sie nicht immer alle Schritte der Methode ausführen, sollten Sie doch nie auf das wesentliche Prinzip verzichten:

Entscheiden Sie bewusst, mit welchen Fragen Sie an einen Text herangehen. Lassen Sie sich beim Lesen von diesen Fragen leiten.

Es gibt noch weitere Lesemethoden, die aber alle mehr oder weniger auf der SQ3R-Methode basieren.[11]

4
Wissenschaftliches Schreiben als lebendiger Prozess – Schreibprobleme überwinden

Eine Dissertation zu verfassen, erfordert eine Menge Schreibaufwand. In den geisteswissenschaftlichen Disziplinen ist dies – neben dem Lesen – die Hauptarbeit. Wenn man alle beschriebenen und bedruckten Blätter sammeln würde, die ein Doktorand im Laufe seiner Promotionszeit produziert, dann hätte man am Ende einen beachtlichen Stapel oder einen Wald von fliegenden Blättern. Bei Doktorarbeiten im naturwissenschaftlichen Bereich, in denen es um Experimente und Messungen im Labor geht, hat das Schreiben eher begleitende und ergänzende Funktion. Allerdings müssen auch in diesen Fällen Versuchspläne theoretisch begründet und erläutert, Ergebnisse interpretiert und Schlussfolgerungen dargelegt werden. Das bedeutet ebenfalls erheblichen Schreibaufwand.

Wesentlich mehr Schreibarbeit erfordern die Dissertationen, die sich mit vielen verschiedenen Theorien auseinander setzen müssen – wie zum Beispiel in den Gesellschaftswissenschaften – oder Doktorarbeiten in den Philologien, die Texte analysieren, interpretieren und vergleichend diskutieren. Für viele Doktoranden läuft das Projekt Doktorarbeit daher auf zwei bis fünf Jahre intensiver Schreibarbeit hinaus.

Diejenigen, die sich aus Lust am Schreiben zur Promotion entschlossen haben, wird das nicht schrecken. Anderen, für die das Schreiben lediglich ein notwendiges Mittel zum Zweck ist, um ihre Aufgabenstellung zu bewältigen – oder denen es gar nur auf den bloßen Doktortitel ankommt – wird die Aussicht weniger behagen.

Viele Doktoranden sind sich unsicher darüber, wie man das

Schreiben angeht – wie man überhaupt von einem ersten Entwurf zu einer druckreifen Endfassung gelangt. Im Studium werden meist nur formale Richtlinien für das Abfassen von Hausarbeiten und Examensarbeiten, aber keine richtigen Schreibtechniken vermittelt. Da es an deutschen Universitäten – anders als an nordamerikanischen und britischen – in der Regel keine Kurse dazu gibt, sind Studierende in Deutschland auf ihre individuellen Schreibtalente angewiesen. In manchen Studienfächern müssen sie ihre Fähigkeiten auch überhaupt erst zum Studienabschluss unter Beweis stellen. Sie haben vor dem Anfertigen der großen Diplomarbeit noch kaum praktische Erfahrungen gesammelt. In Anbetracht dessen ist es nicht weiter erstaunlich, dass viele Studierende Schreibängste entwickeln und gerade schriftliche Arbeiten häufig vor sich herschieben.[12] Abgabetermine werden immer wieder hinausgezögert, man fängt erst auf den letzten Drücker an zu schreiben und versucht, die Arbeit dann in Nachtschichten zu bewältigen.

Doktoranden, die sich besonders vor dem ersten Schritt scheuen, halten sich oft unnötig lange mit dem Literaturstudium oder mit extensiver Datenerhebung auf, ehe sie dazu übergehen, ihre Erkenntnisse schriftlich zu verarbeiten. Wenn man sie nach ihren Arbeitsprodukten fragt, bekommt man häufig ausweichende Antworten wie zum Beispiel, dass sie noch nicht genügend Material ausgewertet hätten, um mit dem Schreiben zu beginnen – oder auch im Gegenteil, dass sie »schon alles im Kopf beisammen« hätten und es »nur noch runterschreiben« müssten. Beide Aussagen lassen auf eine ungünstige Einstellung zum Schreiben beziehungsweise eine falsche Einschätzung dieser Aufgabe schließen.

Das vorliegende Kapitel soll dazu dienen, Ihnen eine positive Haltung zum Schreiben zu vermitteln. Sie sollen lernen, es als ständige, begleitende Arbeitsmethode kreativ zu nutzen.

Zunächst wird der Prozess an sich erläutert. Es wird aufgezeigt, wie viele Anforderungen und Ansprüche in das Schreiben eingehen können, sodass es anstrengend und beschwerlich wird. Das erzeugt einen Druck, der leicht Schreibblockaden verursachen kann. Ein wichtiges Mittel gegen Schreibprobleme ist das kreative Schreiben. Sie werden sich anhand einer Reihe von Techniken, die hier vorgestellt werden, selbst von seiner Wirkung überzeugen können. Unter anderem werden Sie die klassischen Methoden des *Clustering* und *Mind Mapping* kennen lernen, die den Ideenfluss zu einem Thema anregen und ganz leicht zum fließenden Schreiben hinführen. Mit kreativen Ideen allein ist es beim wissenschaftlichen Schreiben allerdings nicht getan. Deshalb werden anschließend die wesentlichen Standards und Regeln für diese Textsorte umrissen.

Sie werden (dazu) angeleitet, das wissenschaftliche Schreiben als lebendigen Arbeitsprozess zu erfahren, an dem auch Ihre Gefühle beteiligt sind. Dazu werden Techniken vorgestellt, die die emotionale Seite in konstruktiver Weise einbeziehen. Es sind Übungen, bei denen Sie zum Beispiel unterschiedliche Perspektiven und Positionen zu Ihrem Thema einnehmen oder Ihren Text an verschiedene fiktive Adressaten richten.

Darüber hinaus werden Sie viele erprobte Tipps erhalten, wie Sie den Schreibprozess so gestalten können, dass Sie Schreibhemmungen und Aufschiebeverhalten vermeiden.

Auch zu den verschiedenen Arbeitsphasen des »Schreibprojekts Doktorarbeit« – in denen es um das Gliedern und Ordnen, das Ausarbeiten der Rohfassung, das Überarbeiten und Einholen von Feedback geht – werden Sie konkrete Empfehlungen finden, die Ihnen die Arbeit erleichtern können.

Lust und Last des Schreibens

Das Schreiben enthält trotz aller Belastungsfaktoren auch durchaus lustvolle Momente. Es macht zum Beispiel Spaß,

* eigenen Gedanken Ausdruck zu geben,
* sie präzise in Worte zu fassen,
* sie sprachlich in eine gute Form zu bringen und
* dabei die eigene intellektuelle Kompetenz zu spüren.

Der Vergleich mit der Arbeit eines Schriftstellers – oder, wenn nicht des Dichters, so doch des Denkers – drängt sich auf; eine schmeichelhafte Rolle, mit der hohes gesellschaftliches Ansehen verbunden ist.

Bei genauerer Betrachtung erweist sich das Schreiben als Ergebnis schöpferischen Denkens: Beim Schreiben werden Gedanken nicht nur wiedergegeben, sondern neu verknüpft. Man entdeckt Widersprüche und Konsequenzen, wird zu weiteren Einfällen angeregt und gewinnt neue Erkenntnisse. Schreiben ist ein höchst aktiver und produktiver Vorgang. Indem wir schreiben, denken wir und nutzen das Schreiben als Werkzeug und Motor des Denkens. Dieser Aspekt ist das eigentlich Reizvolle und Herausfordernde beim Schreiben. Er ist dafür verantwortlich, dass das Schreiben ein sehr hoch bewerteter geistiger Vorgang ist. Es erstaunt deshalb auch nicht, dass man manchmal richtig euphorisch wird, wenn eine Textpassage besonders gut gelungen ist.

Neben dem kreativen Element des Schreibens, das die Lust am Machen und Verändern und den Entdeckerdrang befriedigt,[13] spielt immer auch das handwerkliche Element der Ordnung eine Rolle. Eine Sache in passenden Formen und adäquaten Abläufen zu behandeln, ist in sich selbst befriedigend. Eine Arbeit folgerichtig ausgeführt zu haben, weckt Stolz und die Bereitschaft, das Arbeitsprodukt zu verteidigen.

Mit dem Ordnungsaspekt geraten jedoch viele Anforderungen in den Schreibprozess hinein, die die ursprüngliche, naive Freude am Schreiben trüben können. Das Schreiben muss bestimmten Ansprüchen und Kriterien genügen. Es muss Struktur erhalten und in eine feste Form gebracht werden. Ganz leicht kommt es beim Schreiben dazu, dass eine Vielzahl von Wertmaßstäben an das Produkt angelegt werden – an den Gegenstand des Schreibens, an die Qualität der Analyse, die Originalität der Gedanken, an die sprachliche und stilistische Darstellung, an den Unterhaltungswert der Ausführungen und so weiter.

Für wissenschaftliche Abhandlungen gilt außerdem, dass sie bestimmten wissenschaftlichen Standards genügen müssen. Dazu gehören Zitierregeln, Fußnoten und dergleichen. Das persönliche Ziel, das eigene kleine Werk zu schaffen und seine Sache gut zu machen, erzeugt weitere Ansprüche. Gerade darin liegt die Tücke: Zu viele Ansprüche führen leicht dazu, dass der produktive Aspekt des Schreibens unter dem überhöhten Leistungs- und Erwartungsdruck leidet. Kritische Überprüfung und Beurteilung – vor allem zum falschen Zeitpunkt – kann den kreativen Prozess empfindlich stören.

Die folgenden Probleme treten in meiner Beratungspraxis am häufigsten auf:

Checkliste

✔ Das Anfangen fällt schwer und wird immer wieder aufgeschoben. Aussagen wie »Eigentlich habe ich schon alles im Kopf, ich muss es nur noch aufschreiben«, oder »Es ist noch nicht klar und durchdacht genug, als dass ich es aufs Papier bringen könnte«, verschleiern die Angst vor dem ersten Schritt und lassen die Barriere immer höher werden.

✔ Schreibhemmungen und Schreibblockaden treten auf. Man versucht immer wieder, einen Satz neu zu schreiben oder einen Abschnitt zu verbessern, aber kein Ergebnis hält der Beurteilung stand. Man verändert die Passage so lange immer wieder, bis einem gar nichts mehr einfällt. Der Kopf ist leer. Man hängt fest und gerät ins Stocken.

✔ Manche verlieren sich beim Schreiben in die Breite, kommen »vom Hölzchen aufs Stöckchen« und verlieren dabei den roten Faden aus dem Auge. Es fällt ihnen schwer, die Gedanken in eine Struktur zu bringen.

✔ Andere bringen keinen zusammenhängenden Text zustande – selbst wenn sie bereits ausgearbeitete Gliederungen oder übersichtliche, grafisch ansprechende *Mind Maps* vor sich liegen haben, sodass man meinen sollte, sie könnten nun flott drauflosschreiben.

Viele Schreibprobleme treten auf, wenn zu viele verschiedene oder zu hohe Ansprüche in den Arbeitsprozess einfließen. Andere entstehen daraus, dass die einzelnen Arbeitsschritte auf dem Weg zum Endprodukt nicht genug differenziert werden. Das wird deutlicher, wenn man den Vorgang des Schreibens genauer betrachtet. Schreiben ist nämlich ein höchst komplexer, kognitiver Prozess, bei dem parallel und nacheinander verschiedene kognitive Operationen ablaufen. Das soll im Folgenden genauer betrachtet werden.

Das kognitive Modell des Schreibens

Das von Flower und Hayes entwickelte und von Kruse[14] erweiterte Modell des Schreibens beschreibt diesen komplexen Vorgang folgendermaßen. Es unterscheidet drei grundlegende Prozesse, die im Kopf des Schreibenden ablaufen:

Checkliste

✔ *Planen und Vorbereiten:* die Suche nach Material im Gedächtnis, die Organisation dieses Materials und das Setzen von Zielen,
✔ *Übersetzen*: das Transformieren des strukturierten Materials in Sätze,
✔ *Bearbeiten*: Lesen der geschriebenen Sätze, ihre Bewertung und Korrektur.

Hinzu kommt ein Überwachungsvorgang, das *Monitoring*, das auf allgemeinere Kompositonsregeln Bezug nimmt.

Diese Prozesse oder Funktionen werden in folgende Subprozesse weiter ausdifferenziert:

Checkliste

✔ *Generieren*: Material wird aus dem Gedächtnis abgerufen. Das können Assoziationsketten, Worte, Satzfragmente, aber auch Bilder oder Gefühlseindrücke sein.
✔ *Organisieren*: Ein Schreibplan bezüglich Reihenfolge und Ordnung wird aufgestellt.
✔ *Ziele setzen:* Überlegungen bezüglich Qualität des Textes und Kriterien der Qualität werden angestellt.
✔ *Übersetzen*: Das Material wird in Sprache und Texteinheiten übersetzt.

✔ *Evaluieren*: Der Text wird gelesen und bewertet. Intentionen und Anforderungen werden überprüft.
✔ *Revidieren*: Der Text wird überarbeitet.
✔ *Steuern*: Der Gesamtprozess wird anhand von allgemeinen Kompositionsregeln gesteuert und überwacht.

Die einzelnen Teilprozesse, die hier beschrieben sind, laufen bei einem normalen Schreibvorgang jedoch nicht nacheinander, sondern gleichzeitig und parallel ab. Das Planen, die Suche nach Material, das Strukturieren, die sprachliche Gestaltung und das Überarbeiten stehen in einem Wechselspiel. Das bedeutet allerdings, dass, wenn eine Teilaufgabe nicht gelöst wird, auch die Gesamtlösung beeinträchtigt oder infrage gestellt wird. So gerät zum Beispiel das Schreiben ins Stocken, wenn zwar das gefundene Material in eine Struktur gebracht und in Sprache übersetzt wurde, die kritische Bewertung dann aber negativ ausfällt und man keine neue Formulierung findet.
Der Vorgang des Schreibens ist bei genauerer Betrachtung noch viel komplexer als bisher dargestellt, denn es leiten sich weitere Ziele und Ansprüche aus folgenden Bezugspunkten ab:

Checkliste

✔ aus dem Inhaltsaspekt, der sich auf den Sachgegenstand, über den geschrieben wird, bezieht,
✔ aus den Sprachkonventionen, die für das Textgenre gelten, und
✔ aus dem Beziehungsaspekt, der sich auf die Adressaten, für die geschrieben wird, richtet.

Schreiben verlangt, wie auch Kruse feststellt, zuallererst eine Wissensbasis, aus der man seine Ideen bezieht. Das Wissen muss integriert sein; man muss in der Lage sein, differenzierte und flexible Verbindungen zwischen einzelnen Aspekten herzustellen. Das bedeutet auch, dass der Zusammenhang des Wissens klar und greifbar sein muss, bevor ein Text daraus entstehen kann. Das Übersetzen in eine geeignete Sprache erfolgt nach linguistischen Konventionen.[15] Diese umfassen zum Beispiel Terminologie, Satzbau und rhetorische Figuren, aber auch Konventionen, die sich auf den akademischen Sprachstil, die Wissenschaftssprache sowie auf fachsprachliche Besonderheiten beziehen.

Auch wissenschaftliche Texte sind für ein – zumindest gedachtes – Publikum geschrieben und müssen deshalb rhetorischen Anforderungen genügen. Sie sollen beim Adressaten eine bestimmte Wirkung erzielen – ihn zum Beispiel auf einen besonderen Punkt aufmerksam machen, ihn von Argumenten überzeugen und vielleicht auch nachhaltig beeindrucken. Dieser Aspekt wird von Doktoranden häufig übersehen oder nicht wichtig genug genommen. Infolgedessen kommen Texte zustande, die wenig akzentuiert und langweilig sind.

Das Schreiben wissenschaftlicher Texte ist also ein sehr komplexer und anspruchsvoller, kognitiver Prozess. Er besteht aus vielen einzelnen, differenzierten Schritten des Produzierens, Transformierens und Beurteilens. Man kann ihn mit dem Jonglieren von mehreren Bällen vergleichen. Er erfordert auch hohe Konzentration und ist sehr anstrengend. Infolgedessen kommt es leicht zu kognitivem Stress durch Überforderung und zu Störungen. Schreibstörungen entstehen gerade daraus, dass der Komplexität nicht genügend Rechnung getragen wird und zu viele divergierende Ansprüche in den jeweiligen Schreibvorgang eingehen.

Wie das Jonglieren mit Bällen verlangt auch das Schreiben, besonders das wissenschaftliche Schreiben, viel Übung, bevor es fließend oder »spielend« ablaufen kann. Beim Schreiben sollte man ähnlich wie beim Jonglieren klein anfangen, das heißt zuerst mit nur einem Ball üben, dann mit zweien und so fort. Da das Schreiben noch vielfältigere Anforderungen stellt, ist es grundsätzlich empfehlenswert, die einzelnen Operationen im Arbeitsprozess voneinander zu trennen und nacheinander durchzuführen. Daraus leiten sich die folgenden Empfehlungen ab:

Tipps

- Sammeln Sie zunächst das Material, über das Sie schreiben wollen, und arrangieren Sie es übersichtlich. Bringen Sie es dann in eine Ordnung.
- Wenn Sie Ihren Schreibplan organisieren, sollten Sie zunächst hauptsächlich auf die logische Anordnung des Materials abzielen und nur ganz einfache Qualitätsansprüche wie zum Beispiel Klarheit und Verständlichkeit mit einbeziehen.
- Bei der Übersetzung in Sprache sollten Sie Ihre Gedanken zunächst ganz einfach formulieren.
- Konzentrieren Sie sich beim Evaluieren zuerst nur auf die einfachen Qualitätsansprüche der Klarheit und Verständlichkeit, und lassen Sie weitere rhetorische oder ästhetische Kriterien ganz außer Acht.
- Schalten Sie das Revidieren beim ersten Schreiben völlig aus, und verlagern Sie es auf einen späteren Arbeitsschritt.

Aus diesen Schritten entsteht zunächst ein einfacher Rohtext. Dieser wird anschließend in weiteren Arbeitsgängen entsprechend den differenzierten Zielen und Qualitätsansprüchen ausgearbeitet und angereichert. Dabei müssen fachsprachliche und stilistische Anforderungen beachtet werden. Danach geht es ans Revidieren des Textes. Verfahren Sie auch dabei nach dem Motto »eins nach dem anderen«: Überprüfen Sie zunächst Grammatik und Rechtschreibung, nehmen Sie sich dann die fachsprachlichen Merkmale vor, und beurteilen Sie anschließend die Gewandtheit des Stils.

Die bisherige Analyse hat deutlich gemacht, aus was für differenzierten Operationen der Akt des Schreibens sich zusammensetzt und welch vielfältige Ansprüche in ihn eingehen können. Hier wurden zunächst die Ansprüche hinsichtlich Inhalt und Art der Darstellung behandelt – also diejenigen, die sich auf das Objekt des Schreibens beziehen. Weitere wichtige Aspekte ergeben sich, wenn man die Seite des schreibenden Subjekts betrachtet.

Schreiben und Persönlichkeit – die subjektive Seite

Das Schreiben ist eng mit der Person des Schreibenden verbunden: Es vermittelt das Gefühl befriedigenden, sinnvollen Tuns, da es beständig dazu herausfordert, der Sache selbst und ihrer inneren Ordnung gerecht zu werden, sie in den Griff zu bekommen und zu beherrschen.[16] Es ist eine Tätigkeit, mit der man sich stark identifiziert und die sich erheblich auf das Identitäts- und Selbstwertgefühl auswirkt. Man erlebt das »eigene Werk« als Möglichkeit zur Selbstverwirklichung, ja geradezu als einen Teil von sich. Entsprechend hoch sind oft die eigenen Ansprüche an das Produkt. Außerdem gibt man in einem schriftlichen Text etwas von sich preis, bekennt sich zu einer Position und macht sich dadurch auch angreifbar. Das erfordert Selbstbehauptung und Erweiterung von Autonomie.[17]

Verpflichtung ist ein weiterer Aspekt, der bei der Arbeit eine Rolle spielt. Hier kommt das Über-Ich ins Spiel: Verpflichtung verlangt das Einhalten von Normen und die Identifikation mit einer sozialen Rolle. Vorgegebene Normen können jedoch mit Wünschen und Ansprüchen des Ichs in Konflikt geraten. Dem Wunsch nach Selbstverwirklichung in der Darstellung eigener Ideen stehen beispielsweise Kriterien wissenschaftlichen Arbeitens gegenüber. Die Verpflichtung auf den Kodex wissenschaftlicher Standards führt bei den einen zu Überidentifikation, während sie bei anderen Gewissenskonflikte auslöst. Der schreibende Doktorand muss einen Entwicklungsschritt in Richtung Eigenständigkeit und Selbstverantwortung tun, um hier den richtigen Weg finden zu können.

Aus den verschiedenen Ansprüchen an das Ich ergeben sich mancherlei Konflikte. Wenn es nicht gelingt, sie zu lösen, können sie schließlich zu ernsthaften Arbeitsstörungen führen. So kann zum Beispiel eine strenge Orientierung an einem rigiden Wissenschaftsideal oder an den (vermeintlichen) autoritären Erwartungen des Doktorvaters die Produktivität des Doktoranden ganz entscheidend hemmen und eigenständiges, originelles Denken verhindern. Auf persönlich begründete Arbeits- und Schreibprobleme soll an dieser Stelle jedoch nicht näher eingegangen werden. Hier sollen vielmehr die Aspekte im Vordergrund stehen, die das Schreiben *als Tätigkeit* betreffen. Die folgenden Tipps sollen dazu anleiten, die Komplexität des Schreibens aufzubrechen. Die Vorgehensweise ist die, sich gezielt auf einzelne Elemente des Prozesses zu konzentrieren. Die Übungen zum kreativen Schreiben regen dazu an, das Schreiben lustvoll zu gestalten. Sie sprechen die kreativen Potenziale des Schreibenden an. Der Einfluss hemmender und störender Ansprüche wird außer Kraft gesetzt, damit keine Blockaden auftreten. Wer bereits unter Schreibstörungen leidet, dem sollen die Übungen helfen, sie zu überwinden.

Das kreative wissenschaftliche Schreiben

Das Konzept des kreativen Schreibens stammt aus dem anglo-amerikanischen Sprachraum. Ursprünglich ging es dabei um literarisches Schreiben.[18] Bald fand der Ansatz jedoch auch Eingang in das Schreiben an den Hochschulen. Er wurde unter dem Begriff »writing across the curriculum« in alle Studienfächer integriert.[19] In Deutschland ist man noch weit davon entfernt. Immerhin werden inzwischen an einigen Universitäten von Seiten der Studienberatung, der Hochschuldidaktik und von einzelnen Dozenten Schreibkurse für Studierende angeboten. Eingeführt und bekannt gemacht wurde das kreative wissenschaftliche Schreiben in Deutschland insbesondere durch Rico, von Werder, Kruse und Kirckhoff.

Nach Kruse geht es beim kreativen wissenschaftlichen Schreiben darum, »schreibend den Gegenstand zu erforschen und dabei die emotionalen und rationalen Bezüge gleichermaßen zur Geltung kommen zu lassen«.[20] Die Techniken des kreativen wissenschaftlichen Schreibens regen dazu an, persönlichen Gedanken und Gefühlen gegenüber einem Sachgegenstand Ausdruck zu geben und darüber »seine innere private Sprache« zu finden[21] – die Sprache, in der man sich die Erkenntnis von der Sache erschließt und aneignet. Sie bildet die Basis und schlägt die Brücke zum wissenschaftlichen Lernen und Arbeiten. Das Schreiben wird also nicht lediglich als Ausdrucksmittel gesehen, das dazu dient, wissenschaftliche Erkenntnisse darzustellen. Es wird vielmehr als Medium im wissenschaftlichen Forschungsprozess selbst betrachtet. Schreibend lassen sich, wie Kruse es darstellt, Erkenntnisse gewinnen, vergleichen und strukturieren sowie auch diskutieren und kommunizieren.[22]

In meinen Workshops mit Doktoranden habe ich viele der Übungen zum kreativen und wissenschaftlichen Schreiben erprobt. Sie erfreuten sich bald sehr großer Beliebtheit und die Teilnehmer nutzten sie auch zu Hause bei ihrer Arbeit an der Dissertation. Die Techniken sind im Grunde sehr einfach, aber ausgesprochen wirkungsvoll.

Checkliste

✔ Sie regen das kreative Denken an und erzeugen eine Menge spontaner Einfälle.

✔ Sie sorgen nicht nur im Moment des Übens für flüssiges Schreiben, sondern bewirken, dass es auch zur Gewohnheit wird.

✔ Sie räumen Barrieren und Hindernisse aus dem Weg, indem sie den inneren Zensor vorläufig außer Kraft setzen.

✔ Sie fördern die Konzentration auf einen Brennpunkt dadurch, dass die Aufgabe und die dafür vorgegebene Zeit klar begrenzt sind.

✔ Sie regen Prozesse des Durchdenkens, Strukturierens und Gliederns an.

✔ Sie fordern dazu heraus, die eigene Position zu klären und zu vertreten.

✔ Sie erzeugen eine positive Einstellung zum Schreiben.

Die Doktorandinnen und Doktoranden in meinen Kursen berichteten, dass sie alle das *Clustering*, das *Mind Mapping* und weitere Übungen, die Sie noch kennen lernen werden, in ihr ständiges Repertoire an Handwerkszeug aufgenommen hatten. Es half ihnen, Schwellen zu überwinden und das Schreiben selbst besser in den

Griff zu bekommen oder – wie eine Teilnehmerin es ausdrückte –
»mit dem Schreiben flexibler und kontrollierter umzugehen«.
Überzeugen Sie sich selbst von diesen Wirkungen, indem Sie die
Übungen ausprobieren, die im folgenden Kapitel vorgestellt werden.

Techniken des kreativen wissenschaftlichen Schreibens

Das kreative Schreiben lässt sich natürlich leichter und effektvoller
in einer Gruppe lernen. Deshalb sollten Sie an Ihrer Universität
oder anderen Bildungseinrichtungen in Ihrer Umgebung nach entsprechenden Kursangeboten Ausschau halten.

Um es ganz allein zu lernen, benötigen Sie einige Disziplin. Sie
müssen sich an bestimmte Spielregeln halten, damit die Wirkung
sich auch wirklich einstellen kann. Außerdem können Sie sich nur
ganz allein an den entstandenen Produkten erfreuen, während eine
Gruppe Ihnen Bestätigung für gute Ideen und Anregung zu neuen
Einfällen vermitteln kann.

Am besten, Sie testen es einfach mal!

»Free Writing« – freies assoziatives Schreiben

Free Writing bedeutet, frei von jeder Themenvorgabe einfach
draufloszuschreiben.

Übung

Nehmen Sie sich ein Blatt Papier und einen Stift, und schreiben
Sie nach einem Startzeichen vier Minuten lang einfach drauflos.
Schreiben Sie ohne Halt. Schreiben Sie das, was Ihnen einfällt,
was Sie wahrnehmen oder spüren – alles, was Ihnen in den Sinn
kommt. Wenn Ihnen nichts mehr einfällt, dann schreiben Sie
eben darüber. Bleiben Sie im Schreibfluss. Es kommt nicht auf
das Ergebnis an, sondern nur auf den Prozess des Schreibens.

Was ist bei Ihnen herausgekommen? Ein Text, den man sogar lesen kann? Vielleicht ein Kurzbericht über Ihre Arbeitslaune oder Ihre Arbeitssituation? Ein paar skeptische Gedanken zum Thema kreatives Schreiben? Oder haben Sie einfach nur momentane Sinneseindrücke festgehalten, wie zum Beispiel den Anblick der Birkenzweige vor Ihrem Fenster, den Sonnenschein auf dem Hausdach gegenüber, den Wunsch nach draußen zu gehen und so weiter? Wie auch immer – Sie werden festgestellt haben: Es geht tatsächlich. Man kann einfach schreiben. Man hat ständig eine ganze Menge an Eindrücken, Gedanken und Assoziationen im Kopf, sodass man über tausenderlei Dinge schreiben könnte.

Es kommt höchst selten vor, dass am Ende nur sinnlose Silben oder unzusammenhängende Worte auf dem Papier stehen. Meist kommt ein Geflecht von Gedanken heraus, manchmal sogar mit Tief- und Hintersinn. In meinen Kursen wurden als Ergebnis dieser kleinen Übung erstaunlich interessante Texte vorgelesen.

Wirkung:

Die Hauptfunktion dieser Übung besteht darin, dass Sie sich frei schreiben, beziehungsweise darin, dass Ihr Schreibprozess in Gang kommt. Die Übung verführt zum Schreiben, auch wenn man gar keine Lust dazu verspürt. Sie ist hervorragend dazu geeignet, Kontakt zu einem Thema aufzubauen, zu dem man bisher noch gar keinen Bezug hatte, oder einem eine Sache wesentlich klarer werden zu lassen. Erwarten Sie jedoch nicht, dass Sie dabei gleich einen großartigen Text verfassen. Es kommt auf den Prozess selbst an, nicht auf das Ergebnis. Ziel ist, dass Sie Ihre Schreibkraft stärken. Manchmal werden Sie außerdem mit brauchbaren Einfällen belohnt.

Die folgenden Übungen sind Variationen zum *Free Writing:*

Freie Assoziationen

Übung

Schreiben Sie zuerst ein Kernwort auf, und halten Sie dann alle Assoziationen fest, die Ihnen dazu einfallen.

Beispiel:
»Kreativität«: Schöpferisches Denken – eigene Schöpfung – schon toll! – Geniales schaffen – sich übernehmen – zu hohe Ansprüche – zerstört auch – das lustvolle Produzieren – etwas suchen, probieren, gestalten – etwas Neues finden.

Wirkung:
Meist fallen einem dabei viele Aspekte oder eine ganze Kette von Ideen ein, die man anschließend weiterverarbeiten kann.

Rapid Writing – Schnelles Schreiben

Übung

Schreiben Sie nach dem Startzeichen, das Sie sich selbst geben, drauflos. Schreiben Sie schnell und ohne Pause. Erlauben Sie sich nicht, langsamer zu werden. Halten Sie alles fest, was Ihnen einfällt, und behalten Sie das Tempo die ganze Zeit bei.

Wirkung:
Nicht jeder kommt mit dieser Übung gut zurecht. Manche erleben den Zeitdruck auch als unangenehm. Der Vorteil daran ist jedoch, dass Sie sich selbst zwingen, Ihre eigenen Zweifel und Einwände über Bord zu werfen und einfach loszulegen. Die Übung ist vor allem dann hilfreich, wenn man eine Hemmschwelle vor dem Anfangen empfindet, aber auch wenn man zwischendurch an seinen ewigen Zweifeln hängen bleibt. Sie funktioniert allerdings nur, wenn man den selbst auferlegten Zeitdruck auch wirklich ernst nimmt.

Das Clustering oder Clustern

Eine sehr fruchtbare Methode ist das *Clustering* (Cluster = Flecken), bei dem man die Einfälle zu einem Thema grafisch darstellt. Man hält sie in Form von Kreisen fest, die durch Linien miteinander verbunden werden. Diese Methode ist nicht nur dazu geeignet, Assoziationen zu sammeln, sondern bringt diese auch schon in eine Grobstruktur. Daraus kann anschließend ein erster Kurztext entstehen.

Die Methode wurde von Rico eingeführt und von vielen anderen Autoren übernommen und propagiert.[23] Sie stellt heute ein grundlegendes Element des kreativen Schreibens dar.

Übung

Sie benötigen wieder ein leeres Blatt Papier und ein Kernwort. Probieren Sie es zunächst mit irgendeinem alltäglichen Begriff. Die weitere Anleitung soll hier in Ricos eigenen Formulierungen wiedergegeben werden:

»Sie beginnen immer mit einem Kern, den Sie auf eine leere Seite schreiben und mit einem Kreis umgeben. Dann lassen Sie sich einfach treiben. Versuchen sie nicht, sich zu konzentrieren. Folgen Sie dem Strom der Gedankenverbindungen, die in Ihnen auftauchen. Schreiben Sie Ihre Einfälle rasch auf, jeden in einen eigenen Kreis, und lassen Sie die Kreise vom Mittelpunkt aus ungehindert in alle Richtungen ausstrahlen, wie es sich gerade ergibt. Verbinden Sie jedes neue Wort oder jede neue Wendung durch einen Strich oder Pfeil mit dem vorigen Kreis. Wenn Ihnen etwas Neues oder Andersartiges einfällt, verbinden Sie es direkt mit dem Kern und gehen von dort nach außen, bis diese aufeinander folgenden Assoziationen erschöpft sind. Dann beginnen Sie mit der nächsten Ideenkette wieder beim Kern.«[24]

In die Kreise können Sie Wörter, Sätze, Gedanken, Gefühle schreiben. Es gibt dabei keine Vorschrift. Vermeiden Sie es, Ihr Cluster beim Schreiben auf Logik oder Richtigkeit zu überprüfen. Es gibt kein Richtig oder Falsch. Das Clustern ist laut Rico eine bildliche Kurzschrift des momentanen Denkens. Es entwickelt seine eigenen Ziele und Wege und hat seine eigene Sicherheit. Sie empfiehlt deshalb, sich der Führung des eigenen Schreibprozesses anzuvertrauen. Kruse rät zu einer Haltung, mit der man die eigenen Ideen gleichsam »zu Tisch bittet«.[25]

Strengen Sie sich beim Clustern nicht an, sondern folgen Sie dem Assoziationsfluss. Nehmen Sie es hin, wenn er ins Stocken gerät, und warten Sie auf neue Einfälle. Lassen Sie sich nicht von kritischen Gedanken irritieren, die Ihrer rationalen Vernunft entspringen. Lernen Sie, der spontanen Struktur des Denkens zu folgen.[26]

Wenn Ihr Assoziationsfluss erschöpft ist, dann halten Sie inne. Schauen Sie sich Ihr gesamtes Cluster an, und lassen Sie es auf sich wirken, bis sich eine Idee für einen kleinen Text einstellt. Sie müssen nicht alle Einfälle des Clusters in Ihren Text aufnehmen. Ich habe als Beispiel ein Cluster zum Kernwort »Juli« angefertigt (Abbildung 3).

Mein Text dazu:
»Der Juli ist für mich ein sehr schöner Monat. Ein Sommermonat mit Strahlenkranz aus schönem Sommerwetter – auch wenn es in der Realität meist auf sich warten lässt –, dem Vorgeschmack von Urlaub nach Semesterende und der Aussicht auf eine frohe Geburtstagsrunde mit Freunden. Die vielen Freizeitmöglichkeiten wirken in diesem Monat besonders verlockend: Muße im Garten, Radfahren zu den Berliner Seen, Segeln auf dem Wannsee und und und. Den »Summer in the City« mit all seinen kulturellen Angeboten auch nicht zu vergessen. Aber nein! Die Freiheit für alle diese Möglichkeiten ist erheblich eingeschränkt durch ein Arbeitsprojekt, an dem ich Tag für Tag sitze: mein Buch für Doktoranden. Der Abgabetermin rückt heran. Meine Deadline ist der 1. August. Ich habe es so gewollt!!! Es fordert mich ständig auf, ihm meine ganze Zeit zu widmen. Nicht immer bin ich bereit dazu. Stehle mich fort oder suche, Kompromisse zu finden. Einfach nur weg vom Schreibtisch. Nur noch genießen können. Was könnte es es für ein sagenhaft schöner Juli sein. Aber was soll's. Schreiben macht ja auch Spaß. Also dann ...«

Weitere Übungsbeispiele:
Bevor Sie das Clustering auf Themen Ihrer Arbeit anwenden, sollten Sie es zunächst an weniger anspruchsvollen und allgemeineren Kernwörtern ausprobieren, beispielsweise an den folgenden:

- Ein Sommertag
- Blauer Montag
- Verkehrsstau
- Dixi
- Expedition
- Meine Doktorarbeit
- Promovieren

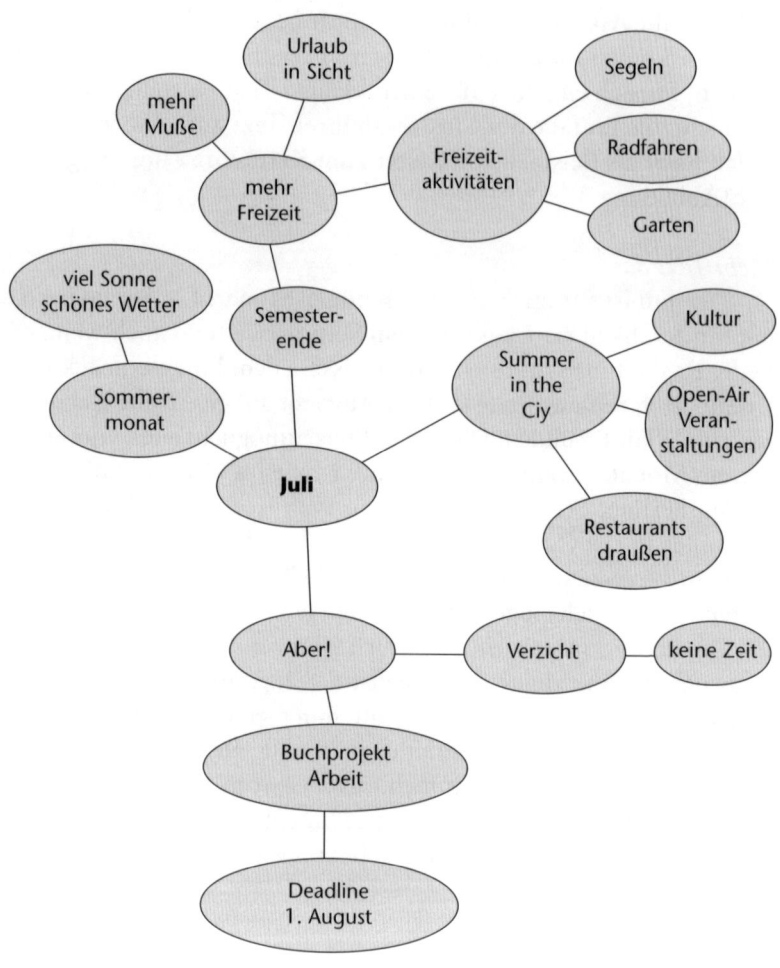

Abbildung 3:
Cluster zum Kennwort »Juli«

Verwenden Sie nicht mehr als vier oder fünf Minuten auf das Clustern und fünf bis sieben Minuten für das Schreiben des kleinen Textes. Schreiben Sie nicht mehr als drei bis vier Sätze.

Probieren Sie das Clustern auch mit Wortpaaren, vielleicht mit den folgenden Beispielen:

- Sinn und Sein
- Wissenschaft und Wahrheit

- Duplizität und Dichotomie
- Widerspruch und Gegensatz

Wenn Sie Übung im Clustern haben, dann wenden Sie es auf Kernwörter aus Ihrer Wissenschaft an. Achten Sie aber darauf, Ihre normale Sprache beizubehalten.

Wirkung:
Das Clustering wirkt durch seine offene und organische Form besonders anregend auf den Ideenfluss. Gerade weil es wenig Vorgaben für die Art der Anordnung macht, öffnet es der Kreativität und Intuition Tür und Tor, schließt dabei aber auch das rationale Denken nicht aus. Aus dem Bild der vielen Kreise und Linien kristallisiert sich wie von selbst eine Ordnung heraus: Ideen gruppieren sich um bestimmte Aspekte, es treten Haupt- und Nebenäste hervor, die sich auch begrifflich fassen lassen. Daraus kann ganz leicht eine Gliederung abgeleitet werden. Der Übergang zur Textidee, die die hervortretenden Elemente des Clusters in einen Zusammenhang bringt, vollzieht sich meist spontan und wie von selbst.

In weiteren Schritten können Cluster und Text dann detaillierter ausgearbeitet werden.

Sie können das Cluster auch neu anordnen und seine Struktur differenzierter bestimmen oder auch vergröbern und eine allgemeinere Struktur dazu herausbilden. Dazu ein Beispiel aus meiner Werkstatt: Abbildung 4 gibt ein ausführliches und differenziertes Cluster für dieses Kapitel über das kreative Schreiben wieder, während das darauffolgende Cluster (Abbildung 5) die allgemeinere Struktur für die Gliederung des Kapitels darstellt.

Die ungewöhnliche Form des Clusters vermittelt Ihnen neue Schreiberfahrungen und kann Ihnen dabei helfen, die Brücke zwischen Ihrem natürlichen sprachlichen Ausdrucksbedürfnis und der Sprache der Wissenschaft zu schlagen.

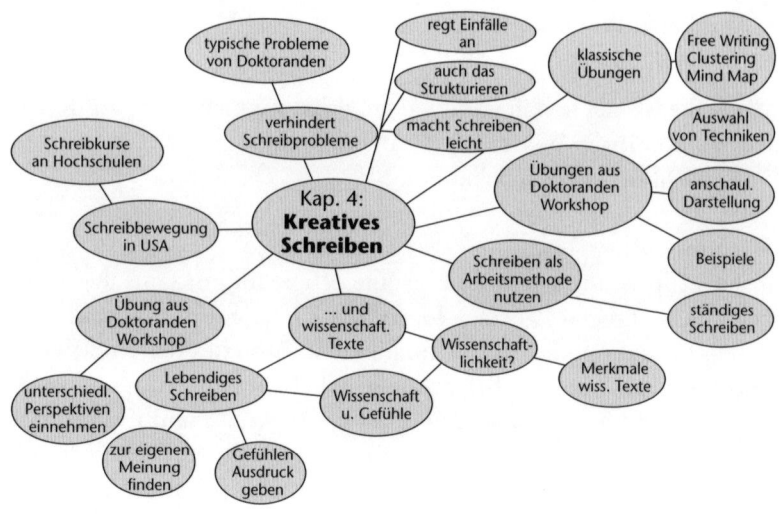

Abbildung 4:
Cluster zu Kapitel 4: »Kreatives Schreiben«

Das Mind Mapping

Eine dem Clustern sehr verwandte Methode ist das *Mind Mapping*, das von Buzan entwickelt und insbesondere von Kirckhoff weiter ausgearbeitet wurde.[27] Es hat ebenso wie das Clustern in der Fachliteratur und Weiterbildung zum Schreiben weite Verbreitung gefunden.[28]

Übung

Ähnlich wie beim Clustern geht man von einem Kernwort aus, das man in die Mitte einer leeren Seite schreibt und zu dem man Einfälle sammelt und festhält. Die grafische Gestaltung ist diesmal jedoch eine andere: Die Wörter werden an Linien entlang angeordnet.

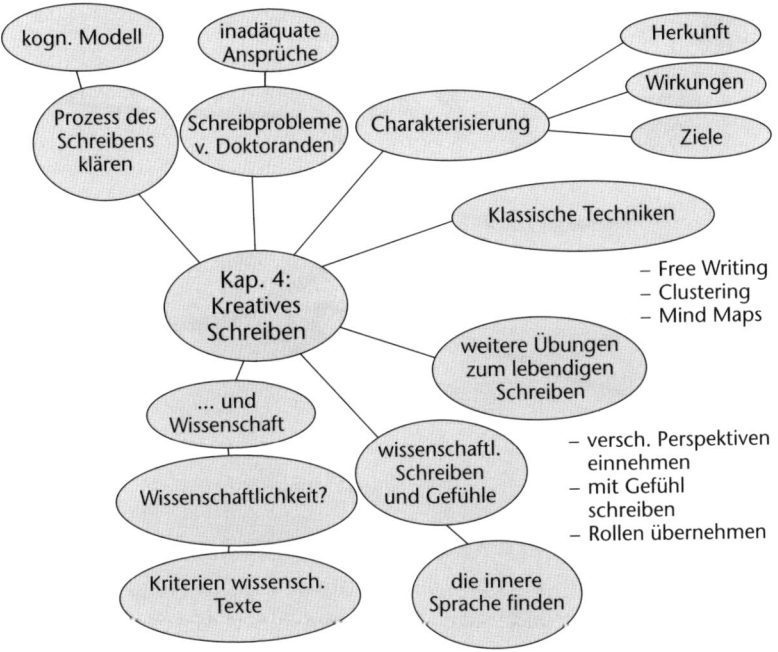

Abbildung 5:
Cluster: Gliederung zu Kapitel 4: »Kreatives Schreiben«

Das abgebildete Mind Map (Abbildung 6) gibt ein Beispiel, das gleichzeitig die Regeln des Mind Maps nach Buzan anschaulich macht.

Buzans Begriffe und Regeln sollen im Folgenden erläutert werden.

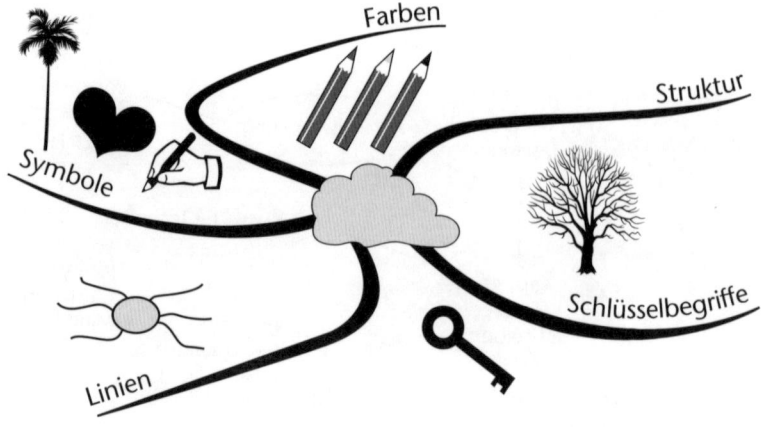

Abbildung 6:
Regeln des Mind Mapping

Struktur: Anders als beim Cluster spielt hier die Struktur der Anordnung eine besondere Rolle: Von dem Zentrum, in dem das Kernwort steht, gehen Äste aus, die sich zu Nebenästen weiter verzweigen. Dieses Auffächern entspricht dem gedanklichen Übergang vom Allgemeinen zum Besonderen. Das Bild macht die Zusammenhänge und Hierarchien der Gedanken auf einen Blick überschaubar.

Schlüsselbegriffe: Beim Mind Mapping sucht man nach Wörtern und Begriffen, die wesentliche Aspekte des Themas, auf das Sie sich konzentrieren wollen, kurz und prägnant fassen. Sie sollen die Sache auf den Punkt bringen und sozusagen als Schlüssel für weitere Ideen und Assoziationen dienen. Die Schlüsselbegriffe sollen wie in der Abbildung angeordnet und gut lesbar sein.

Linien: Es wird empfohlen, geschwungene Linien zu zeichnen, die im Uhrzeigersinn strahlenförmig vom Kernwort ausgehen. Sie können sich zu Unterpunkten hin weiter verzweigen. Man kann unterschiedlich breite Linien verwenden, um Hierarchien kenntlich zu machen.

Symbole: Wenn man den Schlüsselbegriffen Bilder oder Symbole zuordnet, werden sie einprägsamer, und es entstehen leichter neue Ideen. Dieser Effekt beruht darauf, dass die rechte Gehirnhemisphäre für analoge Informationen wie Bilder, Farben, Muster und Rhythmen besonders empfänglich ist. Diese erleichtern daher den Zugang zum intuitiven und kreativen Denken.

Farben: Auch Farben stimulieren die rechte Gehirnhälfte. Außerdem schreibt man ihnen allgemein eine positive emotionale Wirkung zu. Darüber hinaus kann man sie dazu verwenden, das Mind Map weiter zu strukturieren.

In manchen der Beispiele von Mind Maps, die man bei Buzan findet, erscheinen die Symbole nur als illustrierendes Beiwerk – so zum Beispiel die Glühbirne, die für Elektrizität steht. Sie tragen wenig dazu bei, den Kernbegriff zu erhellen. Andere Symbole sind jedoch offensichtlich dazu geeignet, die Informationen prägnant zu verkürzen oder besonders treffend wiederzugeben. Ein kleines Beispiel dazu: Was halten Sie davon, wenn man sich das Mind Map nach Buzan als Sonnenfüßler einprägt?

Die gewählten Symbole können manchmal auch eine rein individuelle Bedeutung haben oder lediglich eine Hinweisfunktion übernehmen, zum Beispiel wenn Ausrufe- oder Fragezeichen auf die Wichtigkeit oder Fragwürdigkeit eines Gedankens aufmerksam machen sollen.

Bei Kirckhoff (1989) finden sich Formen von Mind Maps, die dem Cluster sehr nahe kommen. Der einzige Unterschied ist, dass die einzelnen Gedanken nicht eingekreist sind. Eine weitere Version, die für eine differenzierte und strukturierte Betrachtung eines Themas infrage kommt, ist das systematische Mind Map (Abbildung 7).[29]

Auch das Mind Map soll als Einstieg in das Schreiben dienen. Deshalb werden zur weiteren Bearbeitung die folgenden Schritte empfohlen.

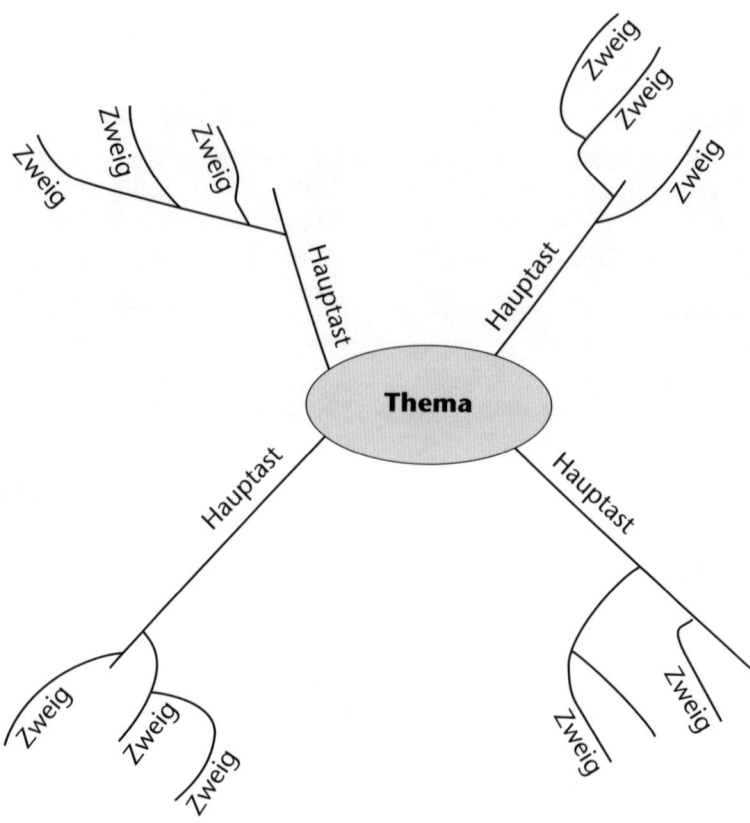

Abbildung 7:
Systematisches Mind Map

Checkliste

✔ Schauen Sie sich das Bild Ihres Mind Maps in Ruhe an. Lassen Sie es als Gesamtbild auf sich wirken, bis Sie die Idee zu einem ersten Text bekommen. Schreiben Sie den Text in einfachen Sätzen fließend auf.

✔ Sie können das Mind Map auch mehrmals durchlesen. Achten Sie auf neue Zusammenhänge und markieren Sie diese kurz. Schreiben Sie dann einen einfachen und kurzen Text dazu, der die wesentlichen Punkte wiedergibt.

✔ Vermeiden Sie auf jeden Fall, sich ins Detail zu vertiefen und mit Korrekturen abzugeben. Es geht lediglich darum, Ihr Mind Map in aller Kürze schriftlich zu skizzieren.

Wirkung:

Das Mind Mapping regt ähnlich wie das Clustering die Produktion von Ideen und Assoziationen zu einem Thema an. Anders als das Cluster bietet es jedoch von vornherein mehr Ordnung. Es ist deshalb besonders für Leute geeignet, die gern strukturiert an ein Thema herangehen. Beim Clustern liegt im Gegensatz dazu der Reiz gerade darin, dass man sich ohne feste Ordnungsaspekte auf Gedankengänge einlässt und ihnen folgt, auch wenn es zu Sprüngen, Wiederholungen und Brüchen kommt. Das Denken verläuft beim Clustern weniger linear, aber darin liegt auch die Chance, auf ganz neue Verbindungen und Einfälle zu stoßen. Dieser Unterschied verliert sich allerdings, wenn man die Darstellung von Kirckhoff berücksichtigt.

Das systematische Mind Map bietet sich besonders für eine Weiterbearbeitung des Clusters an. Wenn sich in Ihrem Cluster die Hauptgesichtspunkte herausgeschält haben und Sie nun eine detaillierte Gliederung anfertigen wollen, dann können Sie von der strukturierteren und stringenteren Form des Mind Maps sehr profitieren. Auch für Fälle, in denen Sie die wichtigsten Aussagen zu einem Thema bereits erarbeitet und durchdacht haben und nun zu einem Entwurf für den Aufbau eines Kapitels gelangen möchten, eignet sich das Mind Map besonders gut.

Darüber hinaus sollten Sie je nach Ihrer persönlichen Neigung entscheiden, mit welcher grafischen Darstellungsform Sie arbeiten – mit Kreis-Formationen, strikter Linien-Darstellung oder auch mit einer kombinierten Form. (Eine meiner Doktorandinnen bevorzugte das Clustern, weil sie »die schwebenden Wölkchen« heiter und animierend fand.) Probieren Sie es am besten einfach aus.

Wissenschaftliches Schreiben lebendig gestalten

Wissenschaftliche Texte sind meist in einer trockenen, abgehobenen Sprache verfasst. Umständliche Formulierungen, eine Fülle abstrakter Begriffe und komplizierter Satzbau sind bezeichnend für das, was man sich unter dem Etikett »akademisch« vorstellt. Häufig ist die Sprache darüber hinaus von einem bestimmten wissenschaftlichen Jargon gefärbt, wie zum Beispiel dem Soziologen-Deutsch. Jedenfalls wirken viele Texte *prima facie* sehr beeindruckend und anspruchsvoll. Man muss sich schon anstrengen, um sie zu verstehen. Die Sprache ist sehr unpersönlich gehalten. Selten wird eine eigene Stellungnahme erkennbar; die Gefühle des Autors bleiben ausgespart. Er schreibt nicht, ob er von seiner Entdeckung begeistert war, sondern nur ganz nüchtern: »Die Analyse führte zu folgenden Ergebnissen.« Die Aussagen wirken dadurch entrückt und unangreifbar.

Neben den Konventionen des wissenschaftlichen Sprachgebrauchs gibt es die individuellen Stilelemente, mit denen der Autor seine Sicht und sich selbst darstellt. Berühmte Beispiele machen deutlich, dass das Verständnis dadurch nicht unbedingt erleichtert wird. Schon mancher hat sich etwa an Adornos Texten geistig die Zähne ausgebissen.

Aus diesen Merkmalen ist die recht diffuse Klischeevorstellung entstanden, wissenschaftliche Texte müssten auf jeden Fall anspruchsvoll klingen. Da es für dieses Ideal keinerlei klare Kriterien gibt, verursacht es bei Examenskandidaten und Doktoranden leicht einen belastenden Druck.

Dabei wird gänzlich verkannt, dass wissenschaftliche Texte Endprodukte sind, die bis zur Fertigstellung immer wieder überarbeitet und verfeinert wurden. Sie sind also das Ergebnis einer Vielzahl von Arbeitsschritten. Im Übrigen braucht man sich nur einmal die eine oder andere eindrucksvolle Textpassage vorzunehmen und das rhetorische Beiwerk vom Aussagegehalt zu trennen. Dabei stellt sich oft genug heraus, dass die großen Worte letztendlich nur über einen bescheidenen Kern hinwegtäuschen.

Es ist auf jeden Fall ratsam, vor dem Schreiben ganz nüchtern die Frage zu klären, was denn einen wissenschaftlichen Text im Kern ausmacht und worin die wesentlichen Qualitätskriterien bestehen. Nur so gewinnt man einen klaren Orientierungsmaßstab.

Was macht einen Text »wissenschaftlich«?

Das Folgende soll keine wissenschaftstheoretische Analyse sein, sondern nur der Versuch, einige grundlegende Wesensmerkmale zu beschreiben. Wissenschaft ist, ganz allgemein betrachtet, darauf gerichtet, Ideen zu sammeln, sie zu ordnen und Zusammenhänge zwischen ihnen zu ermitteln, die zu Gesetzmäßigkeiten und Theorien über den Zusammenhang führen. Ich stütze mich auf die pragmatische Sicht von Kruse[30], dem zufolge Wissenschaft da beginnt, wo Ideen und Erkenntnisse in einen wissenschaftlichen Zusammenhang eingeordnet und der Scientific Community mitgeteilt werden. Wissenschaft muss sich infolgedessen auch auf die Konventionen dieser wissenschaftlichen Gemeinde beziehen.

Die wichtigsten Kriterien, denen eine wissenschaftliche Nachricht genügen muss, sind in Anlehnung an Kruse die folgenden:[31]

Checkliste

✔ Sie muss präzise sein und klar definierte Begriffe enthalten.
✔ Ihre Inhalte müssen durch ein systematisches und logisch nachvollziehbares Vorgehen gewonnen sein.
✔ Sie muss Belege liefern und sich auf den Stand des vorhandenen Wissens beziehen.
✔ Behauptungen wie auch methodisches Vorgehen bei der Erkenntnisgewinnung müssen begründet werden.
✔ Die Aussagen müssen logisch und widerspruchsfrei sein.
✔ Wertsetzungen sollen explizit und transparent gemacht werden.

Um diese Anforderungen zu erfüllen, bedarf es jedoch keiner besonders hochgestochenen Sprache. Es kommt vielmehr im Wesentlichen darauf an, dass die Aussagen präzise und nachvollziehbar sind. Dafür ist eine einfache und klare Sprache am besten geeignet. Kruse differenziert und konkretisiert diese Kriterien noch. Die etwas verkürzte Wiedergabe sollte jedoch genügen, damit Sie Ihre eigenen Vorstellungen von Wissenschaftlichkeit daran überprüfen können. Vermutlich werden Sie entdecken, dass Sie Grund haben, Ihre Ansprüche herunterzuschrauben!

Wissenschaft als kreative Leistung

Wissenschaftliche Kommunikation erfordert nicht nur die Einhaltung bestimmter Regeln. Es besteht auch der Anspruch, dass die Mitteilung einen Wert hat, das heißt, dass sie Erkenntnisse – und zwar neue – vermittelt. Viele sehen darin den eigentlichen Sinn von Wissenschaft: etwas Originelles zu entdecken und damit dem Fortschritt zu dienen. Aus dieser Erwartung leiten gerade die Neuanfänger enorme Selbstansprüche ab, mit denen sie ihre Fähigkeiten weit überfordern. Zwar wird von einer Dissertation auch ein origineller oder kreativer Beitrag zur Wissenschaft erwartet, aber dieser kann bei genauerer Betrachtung durchaus recht unspektakulär und bescheiden sein.

Zum Beispiel kann er darin bestehen,

- eine neue systematische Ordnung zu entwickeln,
- bekannte Texte auf neue Weise zu interpretieren,
- durch einen kritischen Vergleich von bekannten Positionen zu neuen Beurteilungen zu gelangen oder
- neue empirische Ergebnisse zu ermitteln, die eine bekannte Theorie bestätigen oder auch widerlegen.

Bei diesen Aufgaben geht es weniger um geniale Leistungen als vielmehr um solides Handwerk mit einem Funken Kreativität. Das kreative Denken des Doktoranden ist gefragt, wenn es um die eigenen Ideen und Urteile geht, wenn neue Verknüpfungen und alternative Sichtweisen zu gewinnen sind. Als Voraussetzung dafür benötigt man Motivationen wie Neugier, Wissensdurst und Entdeckerfreude. Außerdem ist viel Engagement erforderlich, um den eigenen Ideen nachzugehen und sich nicht durch bestehende Konventionen einschüchtern zu lassen. Dieser Schritt erfordert, wie auch Kruse feststellt, Mut – nämlich den Mut, dem eigenen Denken zu trauen, sich darauf einzulassen, ein (neues) Gebiet oder eine (neue) Sichtweise zu erkunden, und die eigenen Erkenntnisse darüber mitzuteilen. Folglich gilt:

> **W**issenschaftliches Schreiben erfordert beides: Rationalität und Emotionen.

Es fällt allerdings nicht leicht, vor den Werken bedeutender Wissenschaftler nicht allzu tief in Ehrfurcht zu versinken und sich angesichts der Fülle der Schriften nicht davon abschrecken zu lassen, den eigenen Gedanken nachzugehen. Geben Sie sich einen Ruck, besinnen Sie sich auf Ihren eigenen Standpunkt, und stellen Sie Ihre eigenen Fragen:

Checkliste

✔ Wie sehe *ich* die Sache?
✔ Finde *ich* die Argumente überzeugend?
✔ Was habe *ich* für Einwände?

Das ist ein großer Schritt, aber eben damit beginnt die Wissenschaft. Denn Wissenschaft ist etwas, das im Kopf entsteht und durch eigenes Denken weiter vorangetrieben wird. Lassen Sie sich auf eine Expedition ein! Erkunden Sie die Welt der Ideen – nicht nur jener Ideen, die Sie in der Fachliteratur vorfinden, sondern auch derjenigen in Ihrem eigenen Kopf. Schließlich müssen Sie selbst diese Forschungsreise antreten und Ihre eigene Untersuchung durchführen. Die Übungen des kreativen Schreibens können dabei ein nützlicher Reisebegleiter sein.

Wissenschaftliches Schreiben und Gefühle

Die Übungen des kreativen Schreibens können Ihnen dabei helfen,

- Ihre eigenen Sichtweisen und Meinungen wichtig zu nehmen,
- sie in weiteren Schritten herauszuarbeiten und
- Ihre eigene Sprache zu finden.

Im Moment des Schreibens sind Sie der wichtigste Autor und folgen Ihren eigenen Ideen. Dadurch wird die Produktion angekurbelt, und die Ideen werden auch weiterentwickelt. Außerdem wird es Ihnen viel leichter gelingen, einen wissenschaftlichen Text zu schreiben, wenn Sie zuvor Ihre eigene Sprache gefunden haben – das heißt die Sprache, mit der Sie Ihre eigenen Gedanken ausdrücken und sich verständlich machen. Die Übersetzung in eine konventionelle Wissenschaftssprache sollten Sie erst in einem zweiten Schritt vornehmen.

> **B**evor Sie eine Sache angemessen ausformulieren können, müssen Sie zuerst ein vertieftes Verständnis davon gewonnen haben.

Fast immer spielen beim Schreiben auch Emotionen eine Rolle. Die Theorien und Ideen, mit denen man sich beschäftigt, lösen Gefühle aus. Man begegnet ihnen mit Sympathie oder Abneigung. Sachliche Argumente können positiv oder negativ besetzt sein, begeisterte Zustimmung oder heftige Ablehnung hervorrufen. Eigene Texte, die einem unbefriedigend erscheinen, sind manchmal von ambivalenten Gefühlen begleitet, die man erst ergründen muss. An manchen Passagen bleibt man förmlich kleben, obwohl man sie nicht leiden kann. Erst viel später geht einem dann ein Licht auf. Fertige Kapitel rufen Stolz hervor, wenn sie einem ganz stimmig erscheinen. Wenn man nicht wirklich dahinter steht, wecken sie dagegen unangenehme Gefühle.

Es kann sehr aufschlussreich sein, bei den Gefühlen gegenüber Texten anzusetzen und ihnen nachzugehen. Innere Konfliktpunkte, überzogene Erwartungen oder Schreibbarrieren können darin begründet sein. Außerdem wirkt es ausgesprochen belebend, wenn Sie mal ganz emotional an das Schreiben herangehen und sich spielerisch auf den Prozess einlassen. Sammeln Sie neue Erfahrungen! Manche der folgenden Schreibübungen werden Sie dazu antreiben, sich über Skepsis und Zweifel hinwegzusetzen, gewagte Positionen zu beziehen und diese zu verteidigen. Sie lernen dabei, Ihre Argumente zu schärfen und ihnen zu trauen. So können Sie Kontakt zu Ihrem intuitiven Denken aufnehmen, das häufig der erste Schritt zu einer überzeugenden Lösung ist.

Schreibübungen

Verschiedene Textversionen schreiben

Zu dem Punkt »Was macht einen Text ›wissenschaftlich‹?« bietet sich insbesondere die folgende Übung an.

Übung

Verfassen Sie zu einem der im Folgenden vorgeschlagenen Themen

a) einen Text, der ausgesprochen wissenschaftlich klingt – Sie können dabei ruhig ein wenig übertreiben – und
b) einen Text mit feuilletonistisch/humoristischem Charakter.

Themenvorschläge:

• Wissenschaft und Wahrheit
• Widerspruch und Gegensatz
• Sein und Schein
• Duplizität und Dichotomie

Fertigen Sie dazu zunächst ein Cluster oder Mind Map an, und schreiben Sie anschließend einen Text von maximal vier bis fünf Sätzen. Geben Sie sich für die beiden Schritte jeweils höchstens fünf Minuten Zeit.

Wenden Sie diese Übung auch einmal auf ein Thema an, das mit Ihrer Dissertation zu tun hat. Versuchen Sie, bei der wissenschaftlichen Textversion »in die Vollen zu gehen« und gewaltig zu übertreiben.

Klären durch Er-klären

Besonders zu Beginn des Projekts Doktorarbeit, wenn Schwerpunkt und zentrale Fragestellung der Arbeit erst ziemlich vage geklärt wurden und manche Zusammenhänge noch recht assoziativ sind, sollten Sie die folgende Übung ausprobieren.

Übung

Versetzen Sie sich in die Situation, dass Sie einem aufgeweckten Zwölf bis Dreizehnjährigen – Ihrem Neffen oder Ihrer Nichte zum Beispiel – das Thema Ihrer Arbeit verständlich machen sollen. Vermeiden Sie abstrakte Begriffe. Versuchen Sie, Ihre Forschungsfragen und -ansätze möglichst konkret und anschaulich zu beschreiben. Verwenden Sie Beispiele, und zeigen Sie an einer konkreten Situation auf, welche Bedeutung Ihre Dissertation hat, was für Ergebnisse zu erwarten sind beziehungsweise schon vorliegen und wofür man sie verwenden kann.

Spielen Sie die Situation zuerst in Ihrer Fantasie durch. Sie können sich auch eine reale Person suchen, die möglichst wenig Vorwissen mitbringt, und ihr die Sache begreiflich machen. Gehen Sie dabei auf ihre Fragen ein. Verfassen Sie anschließend einen Brief an das Kind. Schreiben Sie dabei möglichst schnell und ohne längere Denkpausen.

Um jemand anderem einen Sachverhalt erklären zu können, muss man ihn zuerst einmal selbst begriffen haben. Das fordert zu aktivem Denken auf. Zugleich üben Sie dabei auch, eine lebendige Sprache zu finden.

Sie können diese Übung noch folgendermaßen erweitern:

Für verschiedene Adressaten schreiben

Übung

Versuchen Sie, die Kerngedanken Ihrer Arbeit den folgenden Adressaten mitzuteilen:

a) Studierenden anderer Fächer,
b) Ihren Eltern,
c) Praktikern, für die das Wissen Ihres Fachs relevant ist.

Schreiben Sie einen Brief oder einen Entwurf zu einem kleinen Vortrag.

Die Übung hilft Ihnen nicht nur, Ihr Thema gedanklich zu durchdringen, sondern fördert auch Ihre sprachliche Gewandtheit.

Argumente finden – Pro-Kontra-Übung

Übung

Nehmen Sie zu einer Frage ganz willkürlich entweder eine Pro- oder eine Kontra-Position ein, und konzentrieren Sie sich voll und ganz auf den gewählten Standpunkt. Finden Sie möglichst viele Argumente, mit denen Sie Ihre Position verfechten können. Fertigen Sie zunächst ein Cluster oder Mind Map an, und schreiben Sie anschließend einen kurzen Text dazu.

Themenvorschläge:

• Was spricht dafür, Doktorarbeiten entsprechend den bisherigen Anforderungen abzuschaffen und stattdessen als Nachweis wissenschaftlicher Leistung die Publikation von einzelnen Aufsätzen zu fordern? Was spricht dagegen?
• Sammeln Sie überzeugende Argumente dafür, bei der Arbeit an der Dissertation die Technik des Clustering anzuwenden. Nehmen Sie anschließend die Kontra-Position ein.
• Finden Sie positive Argumente für die Anwendung der Prinzipien des Zeitmanagements auf das Projekt Doktorarbeit. Finden Sie anschließend überzeugende Gegenargumente.

Sie können diese Übung auch auf Themen Ihrer Dissertation anwenden. Sie wird Ihnen helfen, Ihre eigene Position zu finden.

Einen eigenen Standpunkt beziehen

Die eigene Meinung oder Sichtweise zu finden und zu vertreten, fällt schwer – besonders dann, wenn man von den Theorien der »großen Meister« und Vorbilder beeindruckt und vielleicht auch eingeschüchtert ist.

Übung

Beantworten Sie die folgenden Fragen, um Ihren eigenen Überzeugungen auf die Spur zu kommen:

• Was war bei der Bearbeitung Ihres Themas neu für Sie?
• Was fanden Sie besonders interessant?
• Womit waren Sie nicht einverstanden?
• Auf welche Lücken und Mängel sind Sie gestoßen?
• Wie hätten Sie den Sachverhalt mit Ihrem Vor- oder Alltagswissen erklärt?
• Welchen Erkenntnisgewinn oder -verlust bringt die wissenschaftliche Betrachtungsweise?

Schreiben in der Ich-Form

Übung

Nehmen Sie sich ein Thema oder Kapitel Ihrer Dissertation vor, und schreiben Sie ganz bewusst in der Ich-Form, wie Sie die Sache sehen:

• Ich sehe als erwiesen an ...
• Ich habe herausgefunden ...
• Besonders überzeugend finde ich ...
• Für besonders gelungen halte ich ...
• Ich sehe eine Schwäche (einen Fehler/eine Lücke) darin ...

Überlegen Sie nicht lange, nutzen Sie den spielerischen Eifer, und schreiben Sie drauflos.

Aus unterschiedlichen Gefühlslagen schreiben

Übung

Versetzen Sie sich in unterschiedliche Gefühlslagen, und schreiben Sie entsprechende Fassungen zu Teilen oder Hauptgedanken Ihrer Dissertation.

- Schreiben Sie die Hauptgedanken Ihrer Arbeit mit eindrucksvollem Pathos.
- Schreiben Sie leidenschaftlich-engagiert bis an die Grenze des Fanatismus.
- Schreiben Sie eine völlig unernste, karikierende Fassung.

Suchen Sie sich anschließend Zuhörer, denen Sie Ihre Texte vortragen können.

Nehmen Sie verschiedene emotionale Haltungen zu Ihrem Thema oder zu einer Theorie, mit der Sie sich befassen, ein, und schreiben Sie

- aus der Sicht des begeisterten Anhängers,
- aus der Sicht des bissigen Kritikers, der voller Ressentiments steckt.

Wenn man Gefühlen nachgeht, kommt man impliziten Bewertungen und Meinungen auf die Spur. Gefühle haben Signalfunktion. Sie gelangen darüber auch zu klareren Beurteilungen und Argumenten. Auch die folgende kleine Übung hilft Ihnen in diesem Sinne weiter.

Sich Gefühle von der Seele schreiben

Übung

Halten Sie mithilfe eines Clusters fest, welche Gefühle Sie gegenüber bestimmten Theorien oder Texten haben, und verfassen Sie dann einen kleinen Text dazu.

Auch abstrakte Inhalte können Gefühle auslösen. Zum Beispiel kann man sich über eine zu allgemeine Darstellung, eine übertrieben formalisierte Sprache oder einen hochtrabenden Stil ärgern.

Schreiben Sie sich Ihre Gefühle von der Seele. Das kann wie ein reinigendes Gewitter wirken und Ihnen vielleicht auch helfen, den Schritt von den Emotionen zur sachlichen Kritik zu tun.

Ergebnisse kreativ vorwegnehmen

Übung

Stellen Sie sich vor, Sie hätten Ihre Doktorarbeit abgeschlossen. Sie soll bei einem bekannten Verlag veröffentlicht werden und ein möglichst breites Publikum finden. Dazu muss der lange, wissenschaftliche Arbeitstitel verkürzt und vereinfacht werden. Denken Sie sich einen Titel für das Buch aus, und schreiben Sie einen Klappentext, der das Interesse der Leser wecken kann. Finden Sie prägnante und eingängige Beschreibungen für den Inhalt. Schließlich wollen Sie ja für Ihr Buch werben!

Die Teilnehmer meiner Workshops fanden dabei häufig sehr markante Charakterisierungen, die sie zum Teil sogar später in ernsthaften Texten verwenden konnten. Auf jeden Fall macht es Spaß, das erfolgreiche Ende vorwegzunehmen. Wunschvorstellungen können helfen, sich auf ein Ziel hin auszurichten und es schließlich zu erreichen. Man muss Wünsche zuallererst artikulieren, bevor man sie »am Schwanz packen« kann.

Eine Variation dazu ist die folgende Übung:

Übung

Tun Sie einfach mal so, als ob ein Kapitel, das Sie noch gar nicht geschrieben haben oder das Ihnen noch sehr unvollkommen erscheint, fertig wäre. Schreiben Sie eine Zusammenfassung. Beginnen Sie zum Beispiel folgendermaßen:

- Die Analyse dieses Kapitels führte zu dem Ergebnis ...
- Es konnte überzeugend nachgewiesen werden, dass ...
- Abschließend ist festzustellen, dass ...

Schreibbarrieren überlisten

Übung

Angenommen, Sie wollen mit dem Schreiben beginnen. Der thematische Zusammenhang, über den Sie schreiben wollen, ist Ihnen völlig klar. Aber Formulierungen, die Ihnen in den Sinn kommen, gefallen Ihnen nicht. Sie verwerfen Ihre angefangenen Sätze immer wieder. Schließlich haben Sie sich völlig fest gehakt und es fällt Ihnen überhaupt nichts mehr ein. Probieren Sie es dann mit folgender Instruktion:
Schreiben Sie mal eine ganz schlechte Fassung! Allerdings müssen Sie sich dafür auch tatsächlich grünes Licht geben.

Das Resultat dieser Übung fällt häufig erstaunlich gut aus oder es erscheint zumindest ausbaufähig. Mit dieser kleinen Selbstüberlistung gelingt es, den inneren Zensor, der einen mit übermäßigen Qualitätsansprüchen plagt, außer Kraft zu setzen.

Einstellungen und Beziehungen schreibend auf die Spur kommen

Übung

Denken Sie sich Ihre Doktorarbeit als eine Person, und schreiben Sie ihr, was Sie ihr gegenüber empfinden, was Sie sich von ihr wünschen und so weiter. Folgen Sie dabei dem Fluss Ihrer Gedanken, und schreiben Sie möglichst spontan.

Wenn Sie sich auf einen intensiven Kontakt mit Ihrer Diss einlassen, stoßen Sie vielleicht auf implizite und unbewusste Erwartungen und Ansprüche. Sie werden dabei feststellen, dass es sich um ein sehr persönliches und emotional gefärbtes Verhältnis handelt.
Eine solche Kontaktübung lässt sich natürlich viel besser in einer Gruppe durchführen. Sie führt manchmal zu erstaunlichen Erkenntnissen über die Bedeutung dieses Verhältnisses.
Sie können auch die Rollen tauschen:

Übung

Versetzen Sie sich in die Rolle Ihrer Doktorarbeit. Machen Sie sie zu einer Person, und identifizieren Sie sich mit ihr. Geben Sie ihr eine Stimme, und schreiben Sie an ihrer Stelle einen Brief an sich als ihren Autor und Erzeuger.

In meinen Workshops stieß diese Identifikationsübung zuerst auf Widerstand. Später waren die Teilnehmer dann aber erstaunt über die aufschlussreichen Erkenntnisse und die positiven Gefühle gegenüber ihrer Dissertation, die dabei zutage traten. Probieren Sie es einfach mal.

Sie können die Schreibübung auch dazu nutzen, andere Beziehungen zu klären. Schreiben Sie beispielsweise einen Brief (den Sie nicht abzuschicken brauchen!) an

- Ihren Doktorvater oder
- Ihren wissenschaftlichen Mentor/Ihr Vorbild.

Vielleicht stoßen Sie dabei auf bislang unerkannte oder unterbewertete Aspekte Ihres Verhältnisses.

Mit Schreibbarrieren in Kontakt treten

Übung

Wenn Sie beim Schreiben auf scheinbar unüberwindliche Barrieren stoßen, sollten Sie auf keinen Fall das Handtuch werfen. Schreiben Sie doch stattdessen einmal über die Schreibbarriere selbst! Schreiben Sie alles auf, was Ihnen dazu einfällt. Verfahren Sie nach der Clustermethode. Es geht nicht darum, die Schreibbarriere zu analysieren. Ihr Ziel soll sein, sich frei zu schreiben.

Wenn Sie keine Probleme mit Identifikationsübungen haben, könnten Sie die Übung auch abwandeln, indem Sie versuchen in einen Dialog mit Ihrer Schreibbarriere zu treten und diesen aufzuschreiben. Meist stößt man dabei auf eigene Introjekte, das heißt unvollständig assimilierte, unrealistische Forderungen des Über-Ichs danach, wie man sein sollte. Vielleicht schaffen Sie dadurch einen kleinen Schritt zur Befreiung.

Tipps

- Möglichst oft und regelmäßig zu schreiben, sollte die wichtigste Regel für die Arbeit an Ihrer Dissertation sein. Schreiben Sie jeden Tag an Ihrem Manuskript, auch wenn es nur eine Zeile ist.
- Nutzen Sie das Schreiben als Prozess des Forschens und Lernens. Halten Sie Ihre Einfälle und Gedanken fest. Schreiben Sie auch dann, wenn Ihre Ideen noch vage und unfertig sind. Das Aufschreiben wirkt ähnlich wie die Zündung an Ihrem Auto – der Motor Ihres Denkens wird dadurch gestartet.
- Schreiben Sie auch bei anderen Aktivitäten wie zum Beispiel beim Lesen, mit dem Sie bei einer Dissertation ebenfalls ständig beschäftigt sind. Auch wenn Sie die Gedanken anderer Autoren aufnehmen, halten Sie dabei Ihre eigenen Gedanken schriftlich fest. Machen Sie Ihr eigenes Denken zum Mittelpunkt Ihres Schreibens. Dokumentieren Sie die Hauptaussagen, die für Ihre Arbeit wichtig sind, wörtlich oder sinngemäß. Betrachten Sie das Material als Ihres, als Ergänzung Ihrer eigenen Gedanken.
- Versuchen Sie, mit dem Schreiben Ihrer Sache auf den Grund zu gehen und sich das Verständnis schreibend zu erarbeiten.
- Nutzen Sie die vorgeschlagenen Übungen, um Ihre Emotionen zu ergründen und sich Klarheit über Ihre eigene Position zu verschaffen.
- Tragen Sie eine Kladde oder ein Journal als ständigen Begleiter bei sich, und schreiben Sie alle wichtigen Einfälle und Gedanken zu Ihrer Arbeit hinein.
- Achten Sie darauf, dass Sie sich den Spaß am Schreiben erhalten. Bringen Sie Abwechslung und Bewegung in den Arbeitsprozess. Nutzen Sie die Techniken des kreativen Schreibens als Anregung, die Sache spielerisch anzugehen.
- Achten Sie beim Schreiben Ihrer Kapitel auf Ihre Motivation, und bleiben Sie flexibel. Überwinden Sie gegebenenfalls Ihre Unlust, indem Sie mit einem Kapitel anfangen, das Ihnen Spaß macht oder Ihnen ganz leicht fällt.
- Gehen Sie im Arbeitsprozess des Schreibens von innen nach außen vor. Folgen Sie zunächst Ihrer inneren Sprache, mit der

Sie Ihre eigenen Gedanken übersetzen. Verfeinern Sie diese anschließend anhand fachsprachlicher Merkmale und Konventionen, bis die sprachliche Form angemessen wissenschaftlich ist.

- Ein wissenschaftlicher Text entsteht wie ein Ölbild in vielen einzelnen Schichten. Er erfordert lauter verschiedene, aufeinander folgende Arbeitsschritte.

- Finden Sie Ihre eigene Sprache und Ihren eigenen Stil, indem Sie selbst aktiv Position beziehen und Urteile abgeben, statt bloß die Gedanken anderer Wissenschaftler zu rezipieren.

- Außerdem sollten Sie sich in Ihrem Fachgebiet positive Vorbilder suchen: Autoren, die klare und gut verständliche Fachliteratur schreiben. Prüfen sie genau, durch welche Merkmale sich diese Texte auszeichnen, und orientieren Sie sich selbst beim Schreiben daran.

Den Schreibprozess anpacken und gestalten – weitere Tipps

Wie Murray – einer der bekanntesten amerikanischen Schreibtheoretiker – feststellt, sind Schreiber oder Autoren Meister im Vermeiden. Sie sind versiert darin, tausenderlei Gründe zu finden, um das Schreiben aufzuschieben. Manchmal ist dieses Aufschieben durchaus sinnvoll: Ähnlich wie der Surfer auf die richtige Welle wartet, auf der er reiten kann, ist es gelegentlich besser, eine Sache reifen zu lassen, bevor man mit dem Schreiben anfängt. Andererseits muss man immer aufpassen, das nicht als Vorwand zu benutzen, wenn man sich in Wirklichkeit aus bloßer Faulheit vor dem Schreiben drückt. Irgendwann gibt es jedenfalls einen Abgabetermin, die bekannte Deadline. Und dann *muss* einfach geschrieben werden.

Murray gibt insgesamt 26 Tipps dazu, wie man Schreibträgheit überwinden beziehungsweise ihr vorbeugen kann.[32] Einige Mittel haben Sie bereits kennen gelernt. Darüber hinaus erscheinen mir die folgenden Empfehlungen besonders sinnvoll:

Tipps

- *Benutzen Sie öfter mal ein anderes Schreibgerät – Abwechslung bringt Schwung in die Sache!* Schreibwerkzeuge sind die Spielzeuge des Schreibenden. Schreiben Sie abwechselnd mal von Hand, mal am Computer. Wechseln Sie das Schreibpapier – benutzen Sie mal farbiges statt weißem, wählen Sie mal ein größeres, mal ein kleineres Format, nehmen Sie abwechselnd liniertes, kariertes oder Blankopapier und so weiter.

- *Wechseln Sie den Arbeitsplatz.* Es muss nicht immer der häusliche Schreibtisch sein, an dem Sie schreiben. Machen Sie es wie die Schriftsteller, und schreiben Sie im Café, unterwegs in der Bahn, im Garten, an Ihrem Lieblingsort, wo immer es Ihnen einfällt. Es soll Autoren geben, die am liebsten in der Badewanne schreiben.

- *Arbeiten Sie auch mal zu unterschiedlichen Tageszeiten.* Gewohnheiten haben zwar ihre positiven Seiten, aber sie können auch lähmen und Unlust hervorrufen. Schreiben Sie zwischendurch mal spät am Abend, wenn Sie es nicht gewöhnt sind, oder als Nachtarbeiter am frühen Morgen – auf jeden Fall dann, wenn Ihr kritischer Verstand weniger wachsam und streng ist. Manchmal fällt einem am Abend plötzlich etwas ganz leicht, worüber man am Vormittag lange vergeblich gebrütet hat.

- *Schaffen Sie sich ein Ritual für den Einstieg.* Sammeln Sie Erfahrungen und Tipps von anderen Schreibern darüber, wie diese mit dem Schreiben anfangen. Gestalten Sie Ihr eigenes Ritual. Locken Sie sich mit einer Tasse Ihres Lieblingstees und einem kleinen Blumenstrauß an Ihren Schreibplatz. Begleiten Sie den Akt des Beginnens mit einem Musikstück, bei dem Sie sich einstimmen und sammeln können. Spitzen Sie in klassischer Manier Ihre Bleistifte an, oder beginnen Sie Ihr Werk mit einer Yoga-Übung. Zum Einstimmen eignet sich auch Literatur (es muss nicht immer Fachliteratur sein!), die Ihnen gefällt und Ihre Gedanken anregt. Aber Vorsicht vor allzu beeindruckenden Werken – sie können leicht Ihre Maßstäbe in die Höhe treiben. Bei zu spannender Literatur besteht wiederum die Gefahr, dass Sie abschweifen.

- *Wagen Sie ruhig etwas Verrücktes!* Manche »Schreiberlinge« beginnen morgens im Bett mit dem Schreiben oder setzen sich noch vor dem Frühstück ungewaschen und noch nicht angezogen an den Schreibtisch. Manche benutzen ein Stehpult. Probieren Sie selbst, was Ihnen gefallen könnte. Versüßen Sie sich die Arbeit nach Möglichkeit, und belohnen Sie sich für Erfolge.
- *Machen Sie sich selbst vor, dass Sie nur einen Brief an Ihren besten Freund schreiben.* Beginnen Sie mit »Lieber Freund, ich möchte dir ein wenig über meine Arbeit berichten«, und fangen Sie so mit dem Schreiben an.
- *Stimulieren Sie Ihr Gehirn durch Bewegung.* Körperliche Aktivität regt das Denken an. Ein paar Gymnastik- oder Yogaübungen unmittelbar vor der Arbeit sind darum sehr zu empfehlen. Oder fangen Sie mit einer Zeichenübung an. Visualisieren Sie den Gegenstand, über den Sie schreiben wollen. Bleiben Sie dabei offen für jede Art von Lösung. Malen Sie einfach drauflos. Sie können aber auch etwas völlig anderes als Modell wählen, zum Beispiel den Blumentopf auf Ihrem Fensterbrett. Das Zeichnen an sich wirkt bereits stimulierend auf das anschließende Schreiben.
- *Erleichtern Sie sich den Einstieg durch Reden.* Sprechen ist eine viel geläufigere Tätigkeit als Schreiben. Es kommt im Alltag wesentlich häufiger vor und fällt darum vielen leichter. Benutzen Sie es als Einstieg zum Schreiben, indem Sie zuerst laut reden und sich selbst auf Tonband aufnehmen. Anschließend können Sie das Material schreibend verarbeiten, oder es – als ersten Schritt vom Reden zum Schreiben – zunächst einfach transkribieren.
- *Sprechen Sie den Adressaten Ihrer Arbeit direkt an.* Stellen Sie sich einen wohlwollenden und interessierten Leser vor, der gespannt auf die Fortsetzung Ihrer Ausführungen wartet. Treten Sie geistig in Kontakt mit ihm, und fangen Sie an zu reden.
- *Merken Sie sich, was Sie sagen, wenn Sie mit anderen über das Thema reden, über das Sie schreiben.* Halten Sie Ihre eigenen Worte anschließend schriftlich fest. Damit ist der erste Ton angeschlagen, und Sie finden leichter ins Schreiben hinein.

- *Betrachten Sie Ihren Textentwurf immer als ein Experiment.* Bei einem Experiment darf man auch Fehler machen. Spätere Änderungen sind ohnehin vorgesehen. Beginnen Sie mit der Haltung:»Mal sehen, ob es so funktioniert!« Prüfen Sie nachher, ob ein brauchbarer Text entstanden ist.
- *Wenn Sie sich schwer tun, schreiben Sie unter einem Pseudonym.* Setzen Sie den Namen eines anderen Autors oben auf die erste Seite. Wählen Sie einen Namen mit Symbolwert – wie zum Beispiel »Lena Goldmund« – oder den Namen einer Person, von der Sie wissen, dass sie beim Schreiben keinerlei Hemmungen hat. Meist entstehen Schreibbarrieren daraus, dass man mit den Gedanken zu sehr um sich selbst kreist.
- *Vermerken Sie in Ihrem Journal, wenn das Schreiben Ihnen besonders gut von der Hand geht.* Vielleicht entdecken Sie auf diese Weise Tricks, die Sie auch in Zukunft anwenden können.
- *Brechen Sie die Arbeit mitten im Satz ab.* Lassen Sie den letzten Satz unvollendet, wenn Sie Ihr Tagespensum erfüllt haben oder bei der Arbeit unterbrochen werden. Dieser kleine Trick erleichtert Ihnen den Neueinstieg. Wenn Sie sich dann wieder an die Arbeit setzen, müssen Sie zuerst diesen angefangenen Satz beenden – und schon ist der erste Schritt getan!
- *Wenn es mit dem Schreiben gar nicht mehr vorangeht, dann zwingen Sie sich nicht dazu.* Delegieren Sie es an Ihr Unterbewusstsein. Erzählen Sie ihm, woran Sie arbeiten und was Sie dazu im Kopf haben. Tun Sie dann etwas ganz anderes – bepflanzen Sie beispielsweise Ihren Balkon, oder gehen Sie schwimmen. Inzwischen hat Ihr Unterbewusstsein Zeit zu arbeiten. Auch das Warten, bis eine Idee oder Struktur auftaucht, gehört mit zum Prozess des Schreibens. »Let your mind go blank«, empfiehlt Murray.[33] Er meint damit eine Stille, in die man hineinlauscht, oder eine Leere, in die man meditativ eintaucht. Stille oder Leere zu akzeptieren und nicht dagegen anzukämpfen, ist der Schlüssel, der die Türen zur Welt der Ideen wieder öffnet. Verlieren Sie nur Ihr Ziel dabei nicht aus den Augen.

Schreiben in verschiedenen Arbeitsphasen

Bei einem wissenschaftlichen Schreibprojekt sind je nach Arbeitsphase ganz unterschiedliche Arten des Schreibens gefordert. Zu Beginn geht es vorwiegend darum, Ideen und Argumente zu sammeln, sie zu klären und Bezüge herzustellen. Danach rückt dann das Ordnen und Herausarbeiten von Strukturen in den Vordergrund.

Später müssen die einzelnen Kapitel entworfen und in einer ersten Rohfassung niedergeschrieben werden. Diese wird anschließend differenziert ausgearbeitet. Darauf folgen dann Überarbeitungsschritte, für die man Urteile von Außenstehenden – Experten und anderen Kritikern – einholen sollte.

Im Folgenden werden Empfehlungen für die verschiedenen Phasen des Schreibens gegeben – dazu, wie die vorgeschlagenen Techniken sich darauf anwenden lassen, und dazu, welche weiteren Vorgehensweisen jeweils besonders geeignet sind.

Strukturierendes Schreiben – gliedern und ordnen

Obwohl Doktoranden in der Regel über Erfahrungen mit wissenschaftlichen Arbeiten verfügen, kann es ihnen doch passieren, dass sie in der Fülle ihres Materials den Überblick verlieren. Meist gelingt es nicht gleich im ersten Anlauf, eine vernünftige Ordnung herzustellen, die über eine bloße assoziative Aneinanderreihung von Gedanken hinausgeht. Oft ist harte Arbeit erforderlich, um herauszuarbeiten, wie die einzelnen, manchmal widersprüchlichen Ideen und Urteile in eine gemeinsame Struktur passen. Man muss dazu implizite Bedeutungen entschlüsseln und den Voraussetzungen auf den Grund gehen. Die Teilnehmer meiner Doktoranden-Workshops klagen häufig darüber, dass es ihnen schwer fällt, die richtige Gliederung und Struktur für ihre Arbeit zu finden.

Gerade hierbei haben Cluster und Mind Maps sich als besonders hilfreich erwiesen. Mit ihrer Hilfe kann man Gliederungsaspekte und hierarchische Ordnungen inhaltlicher Elemente durch grafische Anordnung und den Einsatz von Farben abbilden und weiterentwickeln. Diese Techniken fordern geradezu dazu auf, Zu-

sammenhänge zu differenzieren und genau zu erfassen. Gleichzeitig führen sie den Gesamtzusammenhang bildlich vor Augen.

Sehr nützlich ist auch der weitere Schritt, das angefertigte Mind
Map anderen vorzustellen und zu erläutern. Am besten sucht man
sich dazu eine Freund oder Kollegen aus demselben Fachgebiet.
Aber auch ein fachfremder Zuhörer mit wachem Verstand kann
schon eine große Hilfe sein. In meinen Doktoranden-Gruppen
konnten mithilfe dieser Übung Blockaden überwunden und erfreu-
liche Lösungen gefunden werden. Manchmal, wenn ein Teilnehmer besonders festhing, erarbeitete die Gruppe das Mind Map sogar gemeinsam.

Wenn Sie zwischen verschiedenen Gliederungen hin- und herge-
rissen sind, dann könnten Sie sich zum Beispiel eine dynamische
Version des Clusters oder Mind Maps anfertigen, indem Sie die
Hauptgesichtspunkte oder Elemente Ihres Entwurfs auf Papier
schreiben und ausschneiden. Diese Spots lassen sich dann arrangieren und nach Bedarf verschieben.

Wenn Ihnen die handschriftliche Fassung zu unordentlich erscheint, können Sie Mind Maps auch am Computer erstellen. Dazu eignen sich Präsentationsprogramme wie Power Point; es gibt
aber auch spezielle Software wie beispielsweise Visio oder Mind-
Manager.

Halten Sie sich auf keinen Fall zu lange damit auf, die verschie-
denen Möglichkeiten skeptisch gegeneinander abzuwägen. Geben
Sie sich einen Ruck, und setzen Sie sich eine Zeitgrenze, bis zu der
Sie entscheiden, mit welcher Alternative Sie dann weiterarbeiten.

Erste Rohfassung in einem Zug schreiben

Die Rohfassung beginnen Sie am besten, indem Sie einen kurzen
Text zu dem Cluster oder Mind Map schreiben, das Sie für das jeweilige Kapitel angefertigt haben. Gehen Sie dabei so vor, wie es in
dem Kapitel über Clustering und Mind Mapping beschrieben ist.
Denken Sie daran: Sie sollten den Text in einem Zug herunter-
schreiben. Damit erhalten Sie einen Leitfaden für Ihr Kapitel, an
dem Sie sich später entlanghangeln können. Er sorgt auch für den
inneren Zusammenhalt der Kapitel, damit diese nicht in einzelne

Teile zerfallen. Wenn Sie diesen ersten Rohtext zum Mind Map vor sich haben, sollten Sie als Nächstes eine Einführung zu Ihrem Kapitel schreiben.

Beginnen Sie am besten damit aufzuschreiben, was Sie in Ihrem Kapitel vorhaben:

Checkliste

✔ Welches Ziel verfolgen Sie mit dem Kapitel?
✔ Auf welche Fragen wollen Sie eingehen?
✔ Welche zentralen Aussagen wollen Sie vertreten?
✔ Auf welches Material wollen Sie sich stützen?
✔ Welche Beispiele wollen Sie verwenden?

Führen Sie anschließend die wesentlichen Punkte Ihres Mind Map kurz und knapp aus, und schreiben Sie dann die erste Rohfassung Ihres Kapitels. Sie müssen dafür noch nicht alles durchdacht haben. Manche Inhalte des Mind Maps sind Ihnen vielleicht schon ganz klar und Sie können sie bereits in wissenschaftlicher Sprache ausdrücken. Andere Teile sind noch nicht greifbar und Sie können sie nur in der Alltagssprache ausdrücken. Gestatten Sie sich, den Text wie eine Collage aus sehr heterogenen Stücken aufzubauen, oder – mit einem anderen Bild ausgedrückt – schaffen Sie sich Inseln, die Sie durch Brücken miteinander zu verbinden suchen.

Die Rohfassung darf in diesem Stadium ruhig noch offene Fragen und unklare Stellen enthalten. Sie sollten sich allerdings bemühen, klar zu machen, was konkret an einer Frage noch offen ist oder warum Ihnen ein Zusammenhang noch ganz diffus erscheint. Wichtig ist, dass Sie den Stand Ihrer Erkenntnis in Worte fassen. Es kommt dabei nicht auf die sprachliche Qualität an. Gestatten Sie sich ruhig eine holprige Ausdrucksweise. Es dürfen auch Bruchstücke und unvollständige Sätze auftauchen. Wenn Sie auf Lücken oder auf noch völlig unklare Übergänge stoßen, dann beschreiben Sie die Lücke beziehungsweise warum Sie an diesem Punkt eine Lücke sehen. Vielleicht haben Sie auch schon eine erste Ahnung davon, wie sie zu schließen ist.

Wichtig ist, dass Sie flüssig schreiben und sich noch nicht in die Ausarbeitung einzelner Aspekte vertiefen. Machen Sie sich bewusst, dass Sie damit der inneren Struktur des Kapitels auf der Spur sind, und folgen Sie ihr.

Die Empfehlung, einer wissenschaftlichen Arbeit insgesamt und auch den einzelnen Kapiteln immer eine Einführung voranzustellen,[34] hat sich bei meinen Doktoranden bestens bewährt. Der Arbeitsplan soll wie der Plan für eine Reiseroute beschreiben, was man vorhat, welche Orte man besichtigen und welche man links liegen lassen will. Eco empfiehlt, vom Inhaltsverzeichnis der Arbeit auszugehen und daraus eine kommentierende Beschreibung zu erarbeiten. Man soll darin die angestrebten Ziele, die bevorstehenden Schritte und diesbezügliche Überlegungen festhalten. Wohlgemerkt: nicht bloß in Stichworten! Es geht darum, das Vorhaben des Kapitels in ganzen Sätzen zu skizzieren.

Eine meiner Doktorandinnen neigte dazu, jedes Kapitel sehr breit anzulegen und sich in Exkursen zu verlieren. Sie machte es sich zur Regel, vor jedem Kapitel die folgenden Fragen durchzugehen:

Checkliste

✔ Wie baut dieses Kapitel auf dem vorigen auf?
✔ Warum schreibe ich dieses Kapitel?
✔ Welche Fragen sollen in diesem Kapitel geklärt werden?
✔ Welche theoretischen Grundbegriffe und Konzepte brauche ich, um diese Fragen zu klären?

Dieses Vorgehen ist sehr zu empfehlen!

Eco[35] hebt auch hervor, dass es einen großen Unterschied macht, ob man Ideen nur abstrakt im Kopf behält oder sie aufschreibt. Erst beim Aufschreiben wird deutlich, wie klar und ausgereift ein Gedanke ist.

Die Einführung zur gesamten Arbeit stellt zu Beginn nur eine grobe Leitlinie dar. In ihr werden die einzelnen Punkte des Inhaltsverzeichnisses beziehungsweise der Gliederung kommentierend beschrieben. Im weiteren Verlauf der Arbeit wird sie immer wieder entsprechend den Abweichungen und bewussten Änderungen umgeschrieben. Sie sollte regelmäßig auf den aktuellen Stand gebracht werden. Erst wenn die gesamte Arbeit fertig ist, kann man auch die Einführung in ihre endgültige Form bringen. Sie soll den Leser auf die folgenden Überlegungen und Ergebnisse vorbereiten. Es braucht einen folglich nicht zu wundern, wenn die Endfassung sehr stark von der ersten Vorversion abweicht. Das liegt zum einen am wissenschaftlichen Fortschritt, der im Verlauf der Analyse erreicht wurde, zum anderen aber auch daran, dass die Ziele und Erwartungen des Autors sich inzwischen geändert haben. Häufig werden sie mit der Zeit immer bescheidener und realistischer.

Die Rohfassung ausarbeiten

Wenn Sie den ersten Rohtext zu Ihrem Mind Map beziehungsweise zur Gliederung des Kapitels vorliegen haben, müssen Sie sich im nächsten Schritt daranmachen, die Lücken zu ergänzen und die noch offenen oder unklaren Stellen auszuarbeiten. Wichtig ist dabei, dass Sie von Ihrem eigenen Gedankengerüst ausgehen und es mithilfe der Aussagen und Ergebnisse, die Sie in der Fachliteratur oder im Rahmen eigener Untersuchungen gefunden haben, untermauern. Sie werden sich dabei mit manchen Argumenten noch einmal oder mehrmals auseinander setzen müssen. Im Vordergrund stehen nun aber andere Aufgaben: das Paraphrasieren (die Wiedergabe von Ausführungen anderer Autoren in eigenen Worten), das Zitieren von Originalaussagen und das Belegen durch Bezugnahme auf Daten, Begriffe und Quellen. Trotzdem sollten Sie auch bei dieser wissenschaftlichen Fleißarbeit aufpassen, dass Sie nicht am Ende den Wald vor lauter Bäumen nicht mehr sehen. Es geht schließlich immer noch darum, dass Sie eine eigene Argumentationsbasis aufbauen und diese überzeugend vertreten.

Sie werden bei diesem Arbeitsgang sicher hauptsächlich auf Ihre Karteikarten beziehungsweise Computerdateien zurückgreifen. Stellenweise müssen Sie aber vielleicht auch noch einmal die Originalliteratur zur Hand nehmen oder sich sogar erneut auf Literatursuche begeben. Achten Sie darauf, dass Sie dabei gezielt und selektiv lesen und Ihr Hauptziel – Ihr gedankliches Gerüst weiter auszubauen – nicht aus den Augen verlieren.

Tipps

- *Zusammenfassung am Ende des Kapitels* Schreiben Sie am Ende jedes größeren Kapitels eine kurze Zusammenfassung. Diese soll wiedergeben, worin das Ziel des Kapitels bestand und zu welchen Ergebnissen es geführt hat. Sie arbeiten damit die Struktur Ihrer Arbeit weiter heraus und leisten obendrein eine gute Vorarbeit für die abschließende Stellungnahme im Schlusskapitel.
- *Auch auf die Verpackung kommt es an!* Bringen Sie die Rohfassung Ihrer Kapitel in eine korrekte und ansprechende Form, sodass Sie sie an andere weitergeben können, um sich Feedback zu holen. Belohnen Sie sich selbst mit der Freude, ihr eine attraktive »Verpackung« zukommen zu lassen. Es gibt dafür hübsche Plastikmappen oder Klemmhefter, die den Charakter des fertigen kleinen Werkstücks unterstreichen.

Die Rohfassung überarbeiten

Beim Überarbeiten sollten Sie ähnlich wie beim Schreiben in mehreren Schritten vorgehen. Von Werder empfiehlt dazu mehrere Lesedurchgänge in unterschiedlichem Tempo.[36]

Checkliste

✔ Der erste, schnelle Durchgang sollte lediglich auf die Verständlichkeit des Textes gerichtet sein. Dabei sollten Lücken, Unklarheiten oder Brüche markiert werden.
✔ Beim zweiten Lesen sollte man langsamer vorgehen und auf Form und Struktur des Textes achten.

✔ Erst beim dritten Lesen sollte man das Augenmerk auf die einzelnen Sätze richten und Grammatik, Rechtschreibung und Zeichensetzung überprüfen.

Hüten Sie sich davor, sich beim Revidieren zu überfordern, indem Sie auf zu viele Aspekte auf einmal achten. Das ist anstrengend und unbefriedigend. Arbeiten Sie lieber in mehreren Durchgängen. Ich möchte Ihnen die folgende Vorgehensweise empfehlen:

Checkliste

✔ Den gesamten Text aufmerksam lesen und prüfen, ob tatsächlich die angestrebten Ziele behandelt und verständlich dargestellt worden sind.
✔ Die Aussagen auf sachliche Richtigkeit und logische Stringenz überprüfen.
✔ Das Verhältnis von Form und Inhalt überprüfen: Wird die Struktur beziehungsweise der Aufbau des Textes dem Inhalt gerecht?
✔ Die wissenschaftliche Sprache des Textes überprüfen: korrekte und einheitliche Verwendung von Begriffen, präzise Aussagen, sachlich fundierte Argumentation und Formsachen wie zum Beispiel Zitate und Fußnoten.
✔ Wirkungskraft der Darstellung prüfen: Ist der Text geeignet, die Adressaten zu überzeugen, zum Beispiel indem er die richtigen Akzente setzt und Argumente in den Vordergrund rückt? Wie steht es mit der Rhetorik?
✔ Ist der Stil der Sache angemessen? Ist er gut lesbar, gewandt und frei von umständlichen und unnötig abstrakten Formulierungen?
✔ Abschließende Kontrolle der formalen sprachlichen Kriterien: Grammatik, Rechtschreibung und Zeichensetzung.

Betrachten Sie diese Empfehlungen als Checkliste, die Sie bei der Überprüfung abnehmen sollten. Manchmal lassen sich auch zwei

Prüfvorgänge gleichzeitig durchführen, aber mehr als zwei sollten es nicht sein.

Feedback in der Überarbeitungsphase

Die Bedeutung von Feedback zur weiteren Verbesserung von ausgearbeiteten Kapiteln und Fassungen der Dissertation dürfte unbestritten sein. Um Rückmeldung einzuholen, muss der Verfasser allerdings bereit sein, sich von seinen Werkstücken zu trennen und sie zur Beurteilung freizugeben. Viele Doktoranden schrecken jedoch gerade davor zurück. Sie schieben diesen Schritt immer wieder vor sich her – meist weil sie fürchten, die Arbeit sei noch nicht gut oder wissenschaftlich genug. Die Frage nach dem richtigen Zeitpunkt ist eigentlich müßig. Man kann bereits aus Rückmeldungen zum ersten Entwurf wertvolle Hinweise beziehen. Das Prinzip könnte daher lauten: »Je früher, desto besser.« Allerdings riskiert man gerade in einem frühen Stadium, dass erhebliche Schwächen der Arbeit aufgedeckt werden. Man sollte hier einerseits Rücksicht auf die eigenen Empfindlichkeiten nehmen, andererseits aber auch die eigenen Leistungsansprüche überprüfen: Die Rohfassung muss nicht perfekt sein und schon gar nicht jeglicher Kritik standhalten! Das wären unrealistische Erwartungen. Das Ziel sollte vielmehr sein, empirisch zu testen, welche Einwände und Gegenargumente die vorgelegte Argumentation provoziert.

Wenn Doktoranden in meinen Workshops ihre Hemmschwelle überwunden und die Arbeit freigegeben hatten, waren sie meist sehr froh über die fruchtbaren Anregungen, die sie durch das Feedback von Freunden und Kommilitonen erhielten.

Am besten, Sie riskieren es und probieren es aus! Setzen Sie sich einen vernünftigen Standard für eine erste, präsentable Fassung und deklarieren Sie diese als vorläufig.

Letzten Endes müssen Sie sich der Kritik von außen stellen, wenn Sie Ihre Doktorarbeit anerkannt haben wollen. Einer meiner Doktoranden, ein Computer-Freak, hatte übrigens seine Rohfassung mit einem grauen Wasserzeichendruck »Draft« unterlegt, um für jeden Leser zu verdeutlichen, dass es sich erst um vorläufige Ergebnisse handelte.

Zum Umgang mit Kritik

Wenn es darum geht, Kritik anzunehmen, sollten Sie Rücksicht auf Ihre eigene Empfindlichkeit nehmen. Treffen Sie entsprechende Vorsorge – zum Beispiel durch die Wahl Ihrer Kritiker. Der Erste muss ja nicht gleich der Doktorvater sein. Suchen Sie sich einen Feedback-Geber aus, der Ihnen wohlgesonnen ist und von dem Sie sachliche und konstruktive Kritik erwarten können. Vermeiden Sie übermäßig strenge und pedantische Kritiker. Wenn Sie diese in der Endphase Ihrer Dissertation nicht mehr umgehen können, weil sie zum Beispiel als Gutachter zuständig sind, dann sollten Sie zumindest vorher das Urteil von wohlwollenden Personen eingeholt haben, die Sie »aufbauen« können.

Außerdem können Sie Vorsorge treffen, indem Sie die Kriterien für das Feedback selbst vorgeben. Dazu die folgenden Empfehlungen:

Tipps

- Fragen Sie zunächst nach positiver Rückmeldung. Leider kommt diese Seite der Kritik häufig viel zu kurz. Nicht jedem Kritiker ist bewusst, dass positive Kritik wohltuende Wirkung hat und es dem Betroffenen auch wesentlich erleichtert, anschließend mit der negativen Kritik umzugehen. Stellen Sie darum ganz direkt Fragen wie: Was hat Ihnen an meiner Arbeit (an meinem Kapitel) gefallen? Worin sehen Sie die positiven Eigenschaften dieser Arbeit?
- Stellen Sie dann klar, welche Gesichtspunkte Sie besonders interessieren und worüber Sie gern Rückmeldung hätten – sei es die Verständlichkeit des Textes, der logische Aufbau, die Schlüssigkeit und Überzeugungskraft der Argumentation oder anderes. Orientieren Sie sich hierzu an der Checkliste zur Überarbeitung.

Zur Aufnahme von Kritik ist Folgendes zu empfehlen:

Tipps

- Lassen Sie sich von negativer Kritik nicht allzu sehr beeindrucken. Betrachten Sie sie als »sachdienlichen Hinweis«. Als Doktorand, der in vieler Hinsicht noch unsicher ist, läuft man leicht Gefahr, kritische Anmerkungen gleich als vernichtende Grundsatzkritik aufzufassen. Versuchen Sie, das zu vermeiden und die Kritik stattdessen sachlich zu prüfen.
- Versuchen Sie zunächst, die Kritik zu verstehen und nachzuvollziehen. Fragen Sie gegebenenfalls nach.
- Wägen Sie auch kritisch ab, und diskutieren Sie mit der beurteilenden Person. Werten Sie die Kritik Ihres Beurteilers wirklich nur als ein *Feedback* und nicht als Urteil einer Instanz. Prüfen Sie, ob Ihr Kritiker nicht bloß seinen besonderen Blickwinkel oder seine eigene wissenschaftliche Position dagegenhält, die Sie vielleicht gar nicht teilen.
- Sammeln Sie in der Auseinandersetzung mit der Kritik Argumente, mit denen Sie Ihre Position behaupten, aber seien Sie auch bereit, sie nötigenfalls zu revidieren. Damit befinden Sie sich mitten in der wissenschaftlichen Auseinandersetzung – also in dem Element, in dem Sie sich mit Ihrer Dissertation letztendlich bewähren wollen.

Der Doktorvater als Feedback-Geber

Besonders wichtig und bedeutend ist natürlich die Beurteilung durch den Doktorvater. Schließlich ist er ja derjenige, der am Ende das Gutachten schreibt. Deshalb empfiehlt es sich auch, frühzeitig einen Gesprächskontakt zu ihm aufzubauen. Ideal wäre ein kontinuierlicher Dialog mit regelmäßigen Treffen und vereinbarten Terminen, bei denen fertige Teile der Arbeit diskutiert werden. Der Doktorvater übernimmt dabei die Rolle des kompetenten Gesprächspartners, der Anregung, kritischen Kommentar und manchmal auch Anleitung gibt. Manche Doktorväter scheuen sich allerdings vor der damit verbundenen Arbeit und reagieren eher ablehnend, wenn jemand ein solches Betreuungsverhältnis aufbauen will. Andere lehnen es aus Prinzip ab, weil sie meinen, ein

Doktorand müsse sich weitgehend allein durchbeißen. Diejenigen unter meinen Doktoranden, die sehr intensiv von ihrem Doktorvater betreut wurden, waren ausgesprochen froh darüber und profitierten stark davon.

Es kommt auf einen Versuch an! Als Doktorand muss man manchmal recht hartnäckig sein, um den Doktorvater für einen intensiven Gesprächskontakt zu gewinnen. Eine Doktorandin berichtete, dass sie ihren Doktorvater erst dazu erziehen musste, die vereinbarten Termine einzuhalten, und die Ausarbeitungen, die sie ihm vorlegte, auch wirklich vorher zu lesen. Sie schickte ihm schließlich rechtzeitig Erinnerungen und freundliche Mahnungen per E-Mail und spannte zusätzlich auch seine Sekretärin ein. Der intensive Kontakt erleichterte es ihr, sich von überflüssigen und redundanten Teilen ihrer Arbeit zu lösen und sich immer mehr auf das Wesentliche zu konzentrieren.

Andere Doktoranden beharren darauf, den Doktorvater nur ein bis zwei Mal im Jahr aufzusuchen – zum Teil aus Rücksicht auf seinen ausgefüllten Arbeitsalltag, zum Teil aber auch aus dem Bedürfnis heraus, ihre Sache zunächst für sich allein auszuarbeiten. Meist deutet eine solche defensive Zurückhaltung allerdings darauf hin, dass jemand sich scheut, sich der gefürchteten Kritik auszusetzen. Manche weichen dem Kontakt sogar aus, wenn der Doktorvater selbst die Initiative dazu ergreift. Wie bereits besprochen, entstehen derartige Ängste meist aus überzogenen Ansprüchen und einem angeschlagenen Selbstwertgefühl heraus. Man überwindet sie am besten, indem man den Schritt möglichst frühzeitig wagt.

Wenn Sie das Gespräch mit Ihrem Doktorvater aufnehmen, treten Sie in einen wichtigen Lernprozess ein, in dem Sie Ihre wissenschaftliche Kompetenz weiter entwickeln. Die Auseinandersetzung bietet Ihnen die Chance, zu eigenen Urteilen und einer eigenständigen Position zu gelangen. Sie brauchen die Kommentare Ihres Doktorvaters schließlich nicht wie ein folgsamer Schüler aufzunehmen, sondern können als kritischer Geist damit umgehen und sich dabei zu einem ernst zu nehmenden Gesprächspartner entwickeln. Emanzipieren Sie sich zum autonomen Wissenschaftler! Die Ablösung von mächtigen Autoritätsfiguren ist niemals leicht, zumal wenn man sich bisher immer fest an ihnen orientieren konnte.

Doktoranden projizieren oft überzogene Maßstäbe auf ihre Professoren und messen deren Urteil eine unrealistisch überhöhte Bedeutung zu. Gerade deshalb ist es wichtig, die konkrete Auseinandersetzung mit dem Doktorvater zu suchen und die eigenen Vorstellungen an der Realität zu messen. In der Auseinandersetzung mit ihm können Sie erleben, dass auch seine Ideen und Argumente mitunter anfechtbar sind. Sie werden auch entdecken, dass Sie selbst viel tiefer in der Materie stecken und sich darin besser auskennen als Ihr Betreuer. Das ist vielleicht eine ernüchternde Erfahrung, aber Sie können daraus lernen. Sie hilft Ihnen, sein Urteil nicht mehr als das einer überlegenen und entrückten wissenschaftlichen Instanz wahrzunehmen, sondern zu erkennen, dass es von seiner subjektiven Meinung und seiner wissenschaftlichen Position geprägt ist.

Für den Umgang mit der Kritik des Doktorvaters sind erst recht Vorsichtsmaßnahmen angebracht. Es gibt viele Beispiele von Doktoranden, die die Kritik ihres Betreuers als so vernichtend erlebten, dass sie gar nicht erst versuchten, ihre Doktorarbeit zu verteidigen, sondern sie gleich völlig aufgaben. Derartige Überreaktionen treten vor allem dann auf, wenn man selbst überhöhte Ansprüche an die Arbeit richtet und sein Ego stark davon abhängig macht. Meist geht es weniger dramatisch aus, aber Arbeitsblockaden und Aufschiebeverhalten entstehen durchaus nicht selten.

Beispiel

- Eine Doktorandin bekam die Rohfassung ihrer ersten beiden Kapitel mit einer Fülle von Randbemerkungen in Rot von ihrem Doktorvater zurück. Sie ließ die Arbeit daraufhin ein Jahr lang in der Ecke liegen und mied den Kontakt mit ihrem Kritiker. Wie sich später herausstellte, waren viele seiner Anmerkungen gar nicht als negative Kritik, sondern lediglich als Anregungen und Vorschläge gemeint. Außerdem neigte er aus Gewohnheit dazu, Texte sehr gründlich redigierend zu lesen. Seine Kritik rief eine intensive Kränkung hervor, auf die die Doktorandin mit trotziger Verweigerung reagierte.

Die emotionale Reaktion mag verständlich erscheinen, aber Rückzug und Verweigerung bringen einen nicht weiter. Es sind Fluchtreaktionen; als Doktorand müssen Sie aber lernen, standzuhalten und sich kämpferisch zu behaupten. Nutzen Sie den Kontakt mit Ihrem Hauptkritiker dazu, das zu üben.

Für die konkrete Auseinandersetzung mit Kritik gelten die oben genannten Empfehlungen. Gehen Sie die Anmerkungen einzeln durch, und setzen Sie sich argumentativ mit ihnen auseinander. Wenn die Hemmschwelle gegenüber dem Doktorvater sehr hoch ist, weil Sie ihn als Koryphäe auf seinem Gebiet bewundern, dann holen Sie vor dem Kontakt mit ihm bestätigendes Feedback von anderen ein, um Ihr Selbstwertgefühl zu stärken.

Abschließend noch einige Tipps:

Tipps

- Protokollieren Sie alle Gespräche mit Ihrem Doktorvater – möglichst gleich im Anschluss an das Treffen –, damit Sie später leichter auf seine Anmerkungen zurückkommen können. Manche Aspekte erscheinen gleich in einem völlig anderen Licht, wenn Sie nachher noch einmal darüber nachdenken. Schicken Sie Ihrem Doktorvater ruhig eine Kopie Ihres Protokolls, damit er es ebenfalls als Gesprächsbasis präsent hat.
- Bereiten Sie sich gründlich auf das Treffen mit Ihrem Doktorvater vor. Es wird ergiebiger verlaufen, wenn Sie sich einen Leitfaden von Fragen anlegen, die Sie in der gemeinsamen Diskussion abarbeiten. Das wirkt für ein intensives Gespräch nicht störend, sondern eher förderlich.
- Denken Sie möglichst früh daran, dass Sie auf jeden Fall noch einen Zweitgutachter brauchen. Versuchen Sie, auch zu ihm frühzeitig einen Gesprächskontakt aufzubauen und ihn als Diskussionspartner zu gewinnen.

5
Zum krönenden Abschluss: die Präsentation

Je weiter die Arbeit voranschreitet, umso näher rückt der Punkt, an dem man seine Doktorarbeit nicht nur dem Doktorvater, sondern einem breiteren Publikum präsentieren muss. Diese Aussicht weckt zwiespältige Gefühle: Einerseits ist man stolz auf das Ergebnis seiner Arbeit und brennt darauf, es vorstellen zu können, andererseits stellt sich die Angst ein, ob das, was man sich ausgedacht hat, dem kritischen Urteil der Fachöffentlichkeit standhalten wird.

Das erste Publikum ist das Doktoranden-Kolloquium, an dem außer dem Professor, der es leitet, noch weitere Doktoranden teilnehmen. Später richten sich die Gedanken auf die Kommission, die das Promotionsverfahren kontrolliert und vor der man die Disputation ablegen, das heißt seine Dissertation vorstellen und verteidigen muss. Zu ihr gehören Repräsentanten des Fachbereichs, die Gutachter, die man kennt, aber auch andere Professoren, zu denen man möglicherweise gar keinen Kontakt oder sogar ein zwiespältiges Verhältnis hat. Vielleicht ist auch der Professor dabei, mit dessen Theorie man sich in seiner Arbeit sehr kritisch auseinander gesetzt hat, oder die Professorin, die man überhaupt nicht zitiert hat, obwohl es ganz geschickt gewesen wäre. Dieses Gremium wird noch erweitert durch die Hochschulöffentlichkeit, denn jedes Mitglied der Hochschule, das sich für die Veranstaltung interessiert, kann daran teilnehmen. Meist beschränkt sich das Publikum jedoch auf die Mitglieder des Instituts oder Fachbereichs, in dem die Dissertation angesiedelt ist. Man muss folglich mit Kollegen und früheren Kommilitonen rechnen, die vielleicht ganz neugierig auf die Vorstellung der Arbeit sind, vielleicht aber noch viel mehr darauf, wie man sich als Doktorand dabei anstellt. Aus diesem Fachpublikum können kritische Fragen kommen, entlegene Fragen, mit denen man gar nicht gerechnet hat, Fragen, die auf Zusammenhänge zielen, die man nur gestreift hat, oder die auf Hintergründe eingehen, die man noch gar nicht gesehen hat. Solche Gedanken können einen Doktoranden sehr beunruhigen.

Aber die Doktorarbeit der Fachöffentlichkeit vorzustellen, ist letztendlich das eigentliche Ziel der Promotion. Es führt kein Weg daran vorbei! Deshalb heißt es, sich als Doktorand frühzeitig darauf einzustellen und mehr noch, sich gut dafür zu rüsten. Bevor man die Ergebnisse seiner Denkarbeit einem Publikum vorstellt, muss man jedoch die eigenen Standpunkte geklärt und Position bezogen haben. Das ist angesichts der Vielfalt von Sichtweisen und Erklärungsansätzen in der Wissenschaft keine leichte Aufgabe.

Fast jeder ist aufgeregt, wenn er seine eigene Leistung präsentiert. Einfache Verhaltensregeln reichen für diese Situation nicht aus, sondern man muss sich fachlich ebenso wie psychologisch auf sie vorbereiten.

Damit Sie gut gewappnet zur Disputation Ihrer Arbeit antreten können, enthält dieses Kapitel die folgenden Schritte:

• Das Verhältnis von Präsentation und Selbstpräsentation wird beleuchtet und verständlich gemacht.
• Es werden Übungen vorgestellt – Schreibübungen und Rollenspiele –, mit denen Sie sich selbst bestärken und in Selbstbehauptung üben können.
• Sie werden Vorschläge finden, wie Sie das Präsentieren im Alltag üben können.
• Es werden Empfehlungen gegeben, wie Sie Ihren Vortrag gestalten können und worauf Sie bei der Disputation achten sollten.

Präsentation und Selbstpräsentation

Wenn man die Ergebnisse seiner Doktorarbeit einem Publikum präsentiert, ist das ein Schritt aus dem privaten »stillen Kämmerlein« heraus an die Öffentlichkeit. Sartre hat diesen Gegensatz einmal als den zwischen »für sich sein« und »für andere sein« formuliert.[37]

Dieser Schritt geht über die unmittelbaren Interaktionspartner – wie die Betreuer der Arbeit oder die anderen Doktoranden, mit denen man in Kontakt ist – hinaus und bezieht sich auf eine prinzipiell größere Öffentlichkeit, die nicht unbedingt faktisch präsent sein muss. Es steht dabei vielmehr die Erwartung und Vorstellung von einer Öffentlichkeit im Vordergrund. Für den Doktoranden ist es das wissenschaftliche Fachpublikum, die so genannte *Scientific Community*, auf die seine Erwartungen sich richten. Die wichtigsten Vertreter, »die bedeutenden Anderen«, üben nach H. Mead[38] einen mächtigen normativen Einfluss auf das Verhalten der Selbstdarstellung aus. Sie sind die großen Vorbilder und Modelle, an denen man die Leistungsansprüche an sich selbst wesentlich ausrichtet.

Die meisten betrachten ihre Arbeit nicht nur als spezielle, abgegrenzte Leistung, sondern machen das gesamte Selbstbild daran fest. Sie sehen sich gewissermaßen durch ihr Werk nach außen repräsentiert. Man kann sich selbst zwar nach unterschiedlichen Bereichen und Fähigkeiten differenziert bewerten, aber am Ende fließt alles in ein übergreifendes Selbstkonzept ein, von dem Selbstwertgefühl und Selbstachtung wesentlich abhangen[39]. Je stärker man sich mit einem bestimmten Bereich des Selbstkonzepts identifiziert, umso größeren Einfluss hat dieser auf die Gesamteinschätzung. Da Doktoranden in der Regel aus ihrer Arbeit einen großen Anteil ihrer Identität beziehen, spielt die Präsentation ihrer Dissertation per se eine zentrale Rolle für die generelle Selbsteinschätzung.

Der Mensch ist grundsätzlich bestrebt, sich ein positives Selbstbild zu erhalten. Wenn negative Erfahrungen drohen, werden Regulationsprozesse ausgelöst, um das Selbstwertgefühl zu steigern oder den befürchteten Verlust zu begrenzen.

Wenn eine Selbstpräsentation bevorsteht, konzentriert man sich besonders auf die Aspekte, die für das Selbstwertgefühl entscheidend sind. Die Selbstaufmerksamkeit ist dabei übermäßig erhöht. Man vergleicht zwischen den Idealvorstellungen und der tatsächlichen Selbstwahrnehmung. Wenn man feststellt, dass man hinter den eigenen Ansprüchen zurückbleibt, entsteht der Drang, diese Diskrepanz zu verringern. Wenn es nicht gelingt, die Standards zu erfüllen, ist das Selbstwertgefühl bedroht. Dagegen entwickelt man Strategien, zum Beispiel Vermeidungsverhalten, um die Kluft zwischen Anspruch und Wirklichkeit nicht wahrnehmen zu müssen.[40]

Vermeidungsverhalten zeigt sich bei Doktoranden in vielfacher Form. In früheren Phasen kann es, wie bereits erwähnt, darin bestehen, dass man sich übermäßig lange etwa bei der Literaturrecherche aufhält und Entscheidungen über die Eingrenzung auf zentrale Fragen und Aspekte der Untersuchung immer weiter hinauszögert. Später treten insbesondere die folgenden Tendenzen auf:

- die Neigung, sich an vorherrschende und bedeutende Positionen anzulehnen,
- das Bemühen, das eigene Urteil durch zahlreiche Literaturverweise, Belege und Fußnoten zu untermauern,
- das Zurückhalten von Rohfassungen und die zahlreichen, häufig unnötigen Um- und Überarbeitungen,
- das Aufschieben und Umgehen der abschließenden und endgültigen Stellungnahme und Bewertung der Arbeit und
- das beständige Hinausschieben des endgültigen Abgabetermins.

Für Berater von Doktoranden ist es manchmal schwer zu ertragen, wie endlos lange die Arbeit an der Diss ausgedehnt wird. Man muss sich zurückhalten, um nicht beständig zu mahnen und zum Endspurt anzutreiben. Antreiben allein ist jedoch sinnlos, wenn nicht die nötigen Entwicklungsschritte in Gang kommen.

Angesichts der Fülle unterschiedlicher Sichtweisen und Aspekte in der Wissenschaft ist es nicht leicht, einen eigenen Standpunkt zu beziehen. Noch schwerer ist es, diesen dann auch zu vertreten und sich gegenüber anerkannten und überzeugenden Argumentationen abzugrenzen. Das erfordert nicht nur eine kritische, sondern auch eine offensive Auseinandersetzung sowie Vertrauen in die eigene Kompetenz.

Der Schritt, sich mit der eigenen, wissenschaftlich fundierten Meinung zu positionieren, erfordert schließlich den ganzen Mut des Doktoranden, denn er macht sich damit in seiner Kompetenz und in seinem Selbstkonzept angreifbar. Er muss riskieren, Unzulänglichkeiten zu offenbaren und möglicherweise eine ernüchternde Rückmeldung zu erhalten. Mancher Doktorand tritt zu Beginn mit dem Anspruch an, etwas ganz Neues und Bedeutendes, ja nahezu Nobelpreisverdächtiges herauszufinden – das bis dato unbekannte Virus zu entdecken oder eine verblüffende Neuinterpretation eines altbekannten Textes vorzustellen. Am Ende kommt dann oft nur ein bescheidenes Ergebnis heraus – die Erkenntnis, »dass alle Mäuse mäuseartig sind«, wie eine Doktorandin es ironisch ausdrückte. Man läuft also Gefahr, aus den Höhenflügen seiner Größenfantasien abzustürzen und recht unsanft auf dem Boden der Realität zu landen. Die eigenen Grenzen und die eigene Mittelmäßigkeit erkennen zu müssen, ist eine frustrierende Erfahrung. Sich damit abzufinden, gehört mit zum notwendigen Entwicklungsprozess des Promovierens.

Auch die bereits erörterte Bindung an die Autoritätsfigur des Doktorvaters beziehungsweise der Doktormutter macht es vielen schwer, sich mit einer eigenen Position zu behaupten. Es ist oft nicht leicht, sich mit einem autoritären Doktorvater auseinander zu setzen, wenn er beispielsweise umfangreiche Überarbeitungen der Dissertation verlangt. Bei manchen Doktoranden stehen gerade in der Endphase heftige Auseinandersetzungen an, wenn sie sich um Autonomie bemühen. Aber es führt kein Weg daran vorbei, sich kämpferisch zu behaupten und sich für das eigene Werk stark zu machen.

Indem man die Arbeit abschließt, verabschiedet man sich damit zugleich von möglichen weiteren, im Prinzip unbegrenzten Entwicklungs- und Verbesserungsmöglichkeiten. Bei der Entscheidung zu diesem Schritt ist stets ein wenig Willkür mit im Spiel. Man wird bei der Arbeit immer an Punkte geraten, an denen man noch weiterforschen könnte, noch weitere Quellen heranziehen oder mit anderen theoretischen Erklärungsansätzen an das Phänomen herangehen könnte. Man sollte aber bei einer Forschungsarbeit nie die Dimension der Zeit und das Verhältnis zwischen Zeitaufwand und Ertrag aus den Augen verlieren. Fragen Sie sich bei Ihren Entscheidungen über das weitere Vorgehen immer, ob die Mühe sich lohnt und der Weg, den Sie einschlagen wollen, tatsächlich zu einer wesentlichen Qualitätsverbesserung der Arbeit führt.

Wenn man den Schlussstrich zieht, wird das Ergebnis als Produkt der eigenen Arbeit definitiv. Sich mit ihm zu identifizieren und zu ihm zu stehen, erfordert, sich mit seinen Schwächen abzufinden. Es bedeutet aber auch, dass man lernen muss, seine Vorzüge herauszustellen und der Arbeit insgesamt das rechte Gewicht zukommen zu lassen. Wenn es gelingt, das Produkt der eigenen Leistung wertzuschätzen, gewinnt man daraus Bestätigung für sein Ego und ein besseres Selbstwertgefühl.

Eine solche innere Einstellung ist wichtig, denn man muss am Ende in der Lage sein, die Vorzüge der Arbeit ins rechte Licht zu rücken und die eigene Einschätzung und Stellungnahme klar zu konturieren. Aber gerade damit tun viele Doktoranden sich sehr schwer. Sie haben Schwierigkeiten, die eigene Sache zu vertreten, beziehen nur zögernd Stellung und flüchten sich in umständliche Formulierungen und schwer greifbare Argumentationen. Manche tendieren dazu, ihre Arbeit abzuwerten, weil sie deren Schwächen genau kennen und ihnen das Ergebnis, gemessen an den anfänglichen Erwartungen, inzwischen banal erscheint. Wenn man so lange immer wieder an denselben Inhalten gearbeitet hat, kann sich schon einmal Überdruss einstellen. Man legt überzogene Maßstäbe an und verliert die nötige Distanz zur Sache. Je tiefer man in der Materie steckt, umso deutlicher erkennt man oft, welche Fragen es noch zu klären gäbe und an welchen Punkten man noch weiterarbeiten könnte. Dadurch fällt es einem oft erst recht schwer, einen Schlussstrich zu ziehen. Man sollte sich aber vor Augen führen, dass diese Sicht gerade aus dem eigenen wissenschaftlichen Fortschritt entsteht und daher im Grunde ein positives Zeichen ist.

Das Ziel der Abschlussphase sollte sein, dass man am Ende mit dem erreichten Ergebnis zufrieden ist und es selbst realistisch zu bewerten vermag. Die Präsentation der Arbeit soll nicht defensiv ausfallen, sondern nach dem Motto: »Hier stehe ich und habe folgende wichtige Erkenntnisse mitzuteilen...« Die Fähigkeit dazu stellt ein wichtiges Lernziel der Endphase dar. Präsentieren will geübt sein. Nach meinen Erfahrungen sind viele Doktoranden vor ihrer Disputation noch weit davon entfernt, es zu beherrschen.

Zum Ende kommen –
Tipps für die Schlussphase

Tipps

- Schaffen Sie sich eine Deadline für die Beendigung Ihrer Doktorarbeit. Sehr hilfreich sind von außen gesetzte Ziele, die Termindruck erzeugen: der Abgabetermin, den man einhalten muss, um sich rechtzeitig um ein Post-Doc-Stipendium zu bewerben, oder der Zeitpunkt eines bevorstehenden Ortswechsels mit dem Lebenspartner. Wenn es keine von außen gesetzte Frist gibt, sollten Sie selbst eine Grenze ziehen. Man kann sich überlisten, indem man eine selbst gesetzte Frist anderen mitteilt und sie dadurch verbindlich macht. Zum Beispiel könnten Sie Ihrem Doktorvater zusagen, dass Sie ihm Ihr Manuskript bis spätestens zum Soundsovielten vorlegen.

- In der Abschlussphase sollten Doktoranden nach Gelegenheiten suchen, ihr »Ego zu polstern« und vorzugsweise mit den positiven Seiten ihrer Diss in Kontakt zu treten. Schließlich steht ihnen ja noch die offizielle Präsentation und Verteidigung der Arbeit, die Disputation, bevor. Dafür sind insbesondere die empfohlenen Schreibübungen und Rollenspiele hilfreich.

- Als kleine Selbstbestätigung wirkt allein schon die sinnliche Erfahrung, die vorläufige Endfassung in sauber ausgedruckter und attraktiv gebundener oder gehefteter Form in die Hand nehmen zu können. Bei fast jedem Autor kommen dabei Stolz und Freude auf.

- Suchen Sie besonders die Rückmeldung von konstruktiven Kritikern, die Sie in Ihrem Vorhaben, die Arbeit abzuschließen, unterstützen.

- Die meisten Doktorväter sind ebenfalls an einem baldigen Abschluss interessiert und in der Regel auch dazu bereit, die gesamte Arbeit vor der offiziellen Abgabe noch einmal kritisch zu lesen. Sie sollten diese Möglichkeit auf jeden Fall nutzen, um die eigene Argumentation zu schärfen und die Stärken der Arbeit entsprechend hervorzuheben. Das gilt bereits

für die Phase der schriftlichen Ausarbeitung, aber auch anschließend im Gespräch mit dem Doktorvater, wenn es darum
geht, die eigene Position zu behaupten und zu verteidigen.

- Nutzen Sie auch das Doktoranden-Kolloquium als Forum.
Üben Sie dort, die Stärken Ihrer Arbeit aufzuzeigen und Ihr
Publikum davon zu überzeugen.

Übungen zur Selbstbestärkung und Selbstbehauptung

In meinen Gruppen für Doktoranden führe ich Übungen zur
Selbstbehauptung und -bestärkung durch. Sie dienen dazu, eine
bessere Wahrnehmung der eigenen Kompetenz aufzubauen und
das Selbstwertgefühl zu steigern. Einige dieser Übungen werden im
Folgenden vorgestellt.

Schreibübungen

Einige Schreibübungen, mit denen Sie sich selbst in Ihrer Meinung
bestärken können, haben Sie in dem Kapitel über das kreative
Schreiben bereits kennen gelernt. Im Folgenden finden Sie weitere
Anregungen. Nutzen Sie die Schreibübungen möglichst häufig. Sie
helfen Ihnen dabei, Ihre Argumente gut zu vertreten und Ihre Position schärfer herauszuarbeiten. Außerdem fördern sie Ihre Gewandtheit im Schreiben.

Bulletin oder Presseinformation herausgeben

Übung

Halten Sie den Fortschritt Ihrer Arbeit regelmäßig in Form einer
fiktiven »aktuellen Mitteilung an die Presse fest. Teilen Sie darin
in pointierter und eindrücklicher Form die neuesten Erkenntnisse und Ergebnisse Ihrer Doktorarbeit mit. Erstellen Sie ein

Bulletin über den derzeitigen Zustand Ihrer Arbeit – ähnlich wie es die Ärzte bei prominenten Patienten tun. Dieser Kurzbericht sollte alle relevanten Informationen enthalten, die Sie der Öffentlichkeit mitteilen wollen, und eingängig und gut verständlich abgefasst sein. Sie dürfen dabei auch ruhig ein bisschen übertreiben!

Sie könnten regelmäßig zu Beginn jeder Woche ein solches Bulletin schreiben und an Ihre Pinnwand oder Tür heften. Wenn Sie eine Vorliebe für Arbeiten mit dem Computer haben, dann können Sie die Übung auch ein wenig abwandeln und sich vornehmen, den aktuellen Text für Ihre *Homepage* zu entwerfen.

Vorzüge der Arbeit ins rechte Licht rücken

Übung

Sammeln Sie möglichst viele positive Argumente, um die Bedeutung und den Wert Ihrer Doktorarbeit zu unterstreichen. Bedienen Sie sich dabei der Technik des Clustering.

Wenn Sie zu große Hemmungen haben, ein Loblied auf Ihre Arbeit zu singen, können die folgenden, formelhaften Satzanfänge Ihnen vielleicht auf die Sprünge helfen:

• Besonders bedeutend erscheint ...
• Besonders gelungen ist ...
• Hervorzuheben ist ...
• Noch nie wurde so überzeugend nachgewiesen, dass ...
• Als sehr originell und einfallsreich haben sich ... erwiesen ...

Das führt schon auf die nächste Übung hin:

Eine positive Rezension schreiben

Übung

Schreiben Sie selbst eine kurze Rezension über Ihre Arbeit, zum Beispiel für die Wochenzeitung *Die Zeit*. Schreiben Sie in einer klaren und gut verständlichen Form für das gebildete Lesepublikum der *Zeit*. Gehen Sie Ihren Wunschvorstellungen nach, und verfassen Sie die Rezension, die Sie vollauf befriedigen würde!

Einen Brief an die Scientific Community schreiben

Übung

Sammeln Sie die positiven Aspekte Ihrer Arbeit, auf die Sie die Fachöffentlichkeit aufmerksam machen wollen. Stellen Sie sich Ihr Publikum als freundliche und wohlwollende Gemeinde vor. Teilen Sie ihr mit, welchen bedeutenden Beitrag Sie zum Fortschritt der Wissenschaft geleistet und welche Highlights Sie zu vermelden haben. Auch für diese Übung gilt: nur keine Bescheidenheit!

Positive Argumente für verschiedene Rollen sammeln

Übung

Versetzen Sie sich in die Rolle eines wohlwollenden Gutachters, der viel von Ihnen und Ihrer Arbeit hält. Sammeln Sie Argumente für seine positive Beurteilung. Schreiben Sie anschließend ein außerordentlich lobendes Gutachten.

Noch herausfordernder wird diese Aufgabe, wenn Sie sich vorstellen, dass Ihr Gutachter Sie für ein Stipendium empfehlen will.

Rollenspiele – verschiedene Perspektiven einnehmen

Wenn man die oben vorgeschlagenen Perspektiven in einem Rollenspiel umsetzt, wird der Übungseffekt noch lebendiger.

In meinen Gruppen habe ich gute Erfahrungen mit der folgenden Übung gemacht:

Ihr Doktorvater hält eine Lobrede auf Sie

Übung

Schlüpfen Sie in die Rolle Ihres Betreuers, der die Vorzüge Ihrer Doktorarbeit einem Gremium von Kollegen vorstellt und die Qualifikationen, die Sie in die Arbeit eingebracht haben, entsprechend würdigt. Überzeugen Sie die anderen Hochschullehrer davon, dass Ihr Doktorand – das sind Sie selbst! – der am besten geeignete Bewerber für ein Forschungsstipendium ist.

Im Rollenspiel fällt sofort auf, wenn jemand zu vorsichtig und verhalten formuliert und nicht überzeugend genug argumentiert. Das passiert anfangs den meisten, aber nach den ersten Aha-Erlebnissen und etwas Aufmunterung aus der Gruppe wirkt das kühne Eigenlob in der Regel sehr befriedigend.

Die beiden Gutachter der Arbeit treffen sich

Übung

Empfehlenswert ist auch ein Rollenspiel, in dem die zwei offiziellen Gutachter der Dissertation sich treffen. Dabei nimmt der eine die positiv-wohlwollende Rolle ein, während der andere mit skeptischen und kritischen Einwänden dagegenhält.

Diese Übung wirkt als Selbstbehauptungstraining. Manchmal treten dabei sogar noch ganz neue Beurteilungsaspekte zutage.

Journalist interviewt Forscher

Übung

In diesem Rollenspiel wird der Doktorand für eine Radiosendung zum Stand seiner Forschung interviewt. Die Übung hält dazu an, die wesentlichen Erkenntnisse kurz und knapp zu resümieren und für ein breites Publikum verständlich zu formulieren.

Die vorgeschlagenen Rollenspiele sind natürlich am besten in der Gruppe umzusetzen, lassen sich aber auch nutzbringend zusammen mit Freunden und Kommilitonen durchführen. Auch die folgenden Identifikationsübungen eignen sich besonders für die Arbeit in der Gruppe. Es lohnt sich dennoch, sie auch mal allein auszuprobieren.

Schlüpfen Sie in die Rolle Ihrer Diss

Übung

Identifizieren Sie sich mit Ihrer Doktorarbeit, als wäre sie eine eigenständige Person. Versetzen Sie sich in ihre Lage, und geben Sie ihr eine Stimme. Beschreiben Sie sich zunächst in Ihren Eigenschaften, Stimmungen und Erwartungen. Sie können zum Beispiel so anfangen: »Ich bin die Diss von X. Ich bin ziemlich umfangreich, aber noch sehr torsohaft. Noch ohne richtige Figur ... Ich wünsche mir von meiner Autorin, dass sie liebevoller mit mir umgeht und mir mehr Konturen verleiht. Am schönsten finde ich mein Kapitel A ...«

Diese Übung stieß in meinen Doktoranden-Seminaren gelegentlich auf Widerstand. Wenn die betreffenden Teilnehmer sie später für sich allein zu Hause ausprobierten, berichteten sie danach jedoch von erstaunlichen Erfolgen. Sie entwickelten dadurch eine viel positivere Einstellung gegenüber ihrer Diss. Wenn man sich auf die Übung einlässt, erfährt man nämlich, dass die Doktorarbeit viel mehr als nur die investierte eigene Arbeit ist. Man erlebt sie als wertvollen Teil von sich selbst.

Präsentationsübungen im Alltag

Nutzen Sie auch in alltäglichen Situationen jede Gelegenheit, die Ergebnisse Ihrer Doktorarbeit darzustellen und zu diskutieren. Einige Möglichkeiten wurden bereits angesprochen. Ich möchte an dieser Stelle noch einmal die wichtigsten Tipps zusammenstellen.

Tipps

- Ihre Freunde haben in der Endphase Ihrer Arbeit vielleicht schon genug von dem Thema. Wenden Sie sich stattdessen an entferntere Bekannte oder Fremde.
- Vermutlich haben sich auch in Ihrem Kollegen- oder Freundeskreis feste Arbeitskontakte etabliert. Nutzen Sie diese bewusst zum Üben, indem Sie die betreffenden Personen die Kritikerrolle übernehmen lassen.
- Die wichtigste Beziehung ist natürlich der Gesprächskontakt zu Ihrem Doktorvater. In Diskussionen mit ihm sollten Sie das Ziel verfolgen, Ihre Argumente zu schärfen und überzeugend zu vertreten.
- Denken Sie auch daran, Ihren Zweitgutachter als Diskussionspartner in Anspruch zu nehmen. Das verschafft Ihnen nicht nur Übung, sondern möglicherweise auch eine günstigere Beurteilung im Gutachten.
- Ein besonders bedeutsames Übungsfeld bietet natürlich das Doktoranden-Kolloquium beziehungsweise das fachlich einschlägige Hauptseminar, in dem Sie Ihre Arbeit vorstellen können. Sie finden dort ein kompetentes, häufig aber auch sehr kritisches Publikum und vielleicht auch einen Kommunikationsstil, der von Konkurrenzdenken geprägt ist. (Ein Doktorand in meinem Kurs berichtete nach einem solchen Auftritt von einem ganz scharfen Kritiker, der seine originelle Einführung heruntergemacht und ihn damit schwer irritiert hatte. Daraufhin setzte jedoch der Doktorvater zu einer sehr positiven Verteidigungsrede an.) Auf jeden Fall ist ein solcher Test ausgesprochen lehrreich und hat den Vorteil, dem »Ernstfall« der Disputation sehr nahe zu kommen. Allerdings wird in den universitären Seminarveranstaltungen meist nur auf inhaltliche Aspekte eingegangen und selten auf die Gestaltung des Vortrags. Wenn Sie auch dafür Rückmeldung bekommen wollen, müssen Sie sie selbst durch direkte Fragen anregen.

- In einem Rhetorik-Kurs können Sie wertvolle Anregungen bekommen. Sie lernen dort nicht nur theoretisch, wie ein guter Vortrag aussehen sollte, sondern haben auch Gelegenheit zum Üben.
- Erkundigen Sie sich bei der Studienberatung oder der psychologischen Beratung an Ihrer Hochschule nach Angeboten für Doktoranden. An der Freien Universität Berlin werden beispielsweise Veranstaltungen zur Vorbereitung auf die mündliche Disputation abgehalten.
- Falls es bei Ihnen keine solche Trainingsmöglichkeit gibt, sollten Sie selbst etwas organisieren. Halten Sie zum Beispiel einen Probevortrag vor einer Gruppe aus Freunden und Kollegen. Ich empfehle Ihnen dazu den Einsatz eines Videorekorders. Er hilft nicht nur, die sachliche Distanz und die Ernsthaftigkeit in der Veranstaltung zu wahren, sondern liefert gleichzeitig ein außerordentlich ergiebiges Feedback mit vielen Anhaltspunkten, aus denen Sie lernen können.

Praktische Übung ist gerade für jene Doktoranden besonders wichtig, die sich vor dem Schritt an die Öffentlichkeit fürchten. Für manche ist es eine große Überwindung, sich mit ihrem Anspruch auf den Doktorgrad vor Publikum zu präsentieren. Indem Sie Ihren Vortrag proben, können Sie üben, sich mit dem Produkt Ihrer Arbeit zu identifizieren und sich den Erfolg auch tatsächlich anzuheften. Auf diese Weise fällt es leichter, die anfängliche Scheu vor der Selbstoffenbarung zu überwinden.

Vorbereitung auf die Disputation

Wenn Sie mit Ihren Gutachtern und der Kommission Ihres Fachbereichs den Termin für die Disputation abgesprochen haben, steht der Schlusspunkt Ihres Promotionsverfahrens tatsächlich unmittelbar bevor. Zugleich ist die Disputation allerdings auch ein weiterer Höhepunkt, der noch einmal mit erheblichem Stress verbunden ist. Zwar haben Sie mit der offiziellen Abgabe der gedruckten Dissertation die größten Hürden geschafft, aber die Zielgerade liegt noch vor Ihnen. Sie erfordert noch einmal Ihren vollen Einsatz und eine gute Technik.

In der Disputation müssen Sie Ihre Sache, das heißt die Bedeutung Ihrer Forschungsarbeit, darstellen und gegenüber möglichen Einwänden und alternativen Ansätzen behaupten und verteidigen. Es geht dabei nicht nur um eine mündliche Präsentation, sondern auch um eine persönliche Vorstellung, denn Sie selbst treten als Autor in Erscheinung und müssen sich der öffentlichen wissenschaftlichen Diskussion stellen. Schließlich geht es um nichts Geringeres, als dass Sie nach diesem Vortrag als Doktor in die obere Kaste der *Scientific Community* aufgenommen werden! Was Sie auf keinen Fall vergessen sollten:

Ein Vortrag ist etwas anderes als ein vorgetragenes Manuskript oder ein schriftliches Referat.

Leider trifft man gerade im akademischen Bereich sehr häufig auf Vortragende, die keinen Unterschied zwischen Vortragen und Ablesen machen, und nicht davor zurückschrecken, ihr Publikum mit einem in Schriftdeutsch verfassten Text zu strapazieren und zu langweilen.

Im Folgenden stelle ich einige Mängel zusammen, die mir bei der Arbeit mit Doktoranden besonders häufig auffallen.

Die häufigsten Mängel beim mündlichen Vortrag

Checkliste

✔ Die Vortragende vermeidet – wie es in wissenschaftlichen Texten üblich ist – die Ich-Form und umschreibt stattdessen mit Passivkonstruktionen. Statt zu sagen:»Ich habe in der Arbeit die folgende Fragestellung untersucht ...«, formuliert sie: «Es wurde die Fragestellung untersucht«

beziehungsweise »Die Analyse richtete sich auf die Aspekte ...«.

✔ Die Sprache ist abstrakt, übertrieben formell und voller umständlicher Formulierungen. Statt beim eigenen Interesse an der Sache anzusetzen, wird geradezu bürokratisch aufgelistet: »Teil I der Arbeit betrachtet den Gegenstand unter historischem Aspekt. In Teil II wird die Ikonografie der XY-Kultur dargestellt und einer vergleichenden Analyse unterzogen«, und so weiter.

✔ Die Highlights der Arbeit gehen in den umständlichen Ausführungen völlig unter. Der Vortragende versäumt es, Akzente zu setzen und bestimmte Argumente als besonders bedeutend hervorzuheben. Nach langatmigen Vorreden über die theoretische Basis oder die Methodik der Untersuchung kommen die eigentlichen Ergebnisse der Dissertation – und damit die wissenschaftliche Leistung – sehr häufig zu kurz.

✔ Das Redetempo ist zu hoch. Der Redner nimmt sich viel zu wenig Zeit für seine Ausführungen. Der Zuhörer kann zwar folgen, aber nicht richtig mit- oder gar weiterdenken.

✔ Der Redner »klebt« zu sehr am Manuskript und spricht zu wenig frei.

✔ Der Vortragende spricht sein Publikum nicht wirklich an und stellt zu selten Blickkontakt her.

Damit Sie solche Fehler vermeiden und Ihre Zuhörer mit einer lebendigen und anregenden Disputation erfreuen können, sollten Sie sich mit den Prinzipien eines guten Vortrags vertraut machen. Zwar ist das akademische Publikum an formstrenge und trockene Referate und Vorträge gewöhnt, aber das sollte Sie erst recht ermuntern, eine rühmliche Ausnahme zu bilden. Am Ende profitieren Sie selbst davon, wenn Sie eine entsprechend positive Resonanz bekommen.

Grundprinzipien der Vortragsgestaltung

Ich möchte hier nur kurz und knapp die wichtigsten Punkte nennen. Eine Fülle weiterer Anregungen und Beispiele zum Thema Vortrag finden Sie in dem hervorragenden Buch von Bernstein (1993).

Checkliste

✔ Die Adressaten Ihres Vortrags sind Zuhörer und nicht Leser. Versetzen Sie sich in Ihr Publikum hinein. Fragen Sie sich, wie es zusammengesetzt ist und welches Vorwissen es zu Ihrem Thema mitbringt. Versuchen Sie, daran anzuknüpfen. Überlegen Sie sich, was Sie bei Ihrem Publikum erreichen wollen und wie Sie es ansprechen können. Wie können Sie Interesse/Neugier wecken, Erstaunen auslösen, vielleicht sogar Spannung erzeugen?

✔ Bestimmen Sie ein konkretes Ziel:

- Was wollen Sie mit Ihrem Vortrag erreichen?
- Welche Aussagen wollen Sie vermitteln?
- Worin besteht der Kernpunkt Ihrer Aussagen?
- Von welchen Inhalten wollen Sie überzeugen?
- Welche Meinung oder Position wollen Sie infrage stellen?

✔ Geben Sie die Kernaussage Ihres Vortrags in einem einzigen Satz wieder. Fragen Sie sich, welches Ihr wichtigstes Argument ist. Die zentrale Aussage sollte alle bedeutenden Teilaussagen einschließen. Diese Übung hilft hervorragend, den Inhalt des Vortrags auf das Wesentliche zu konzentrieren und den Stoff zu reduzieren.

✔ Sammeln Sie anschließend die wesentlichen Ergebnisse, Erkenntnisse und Daten, die für die Aussagen relevant sind, und treffen Sie eine Auswahl. Welches sind die Highlights, die Sie unbedingt anbringen wollen, welches die Erkenntnisse, auf die Sie besonders aufmerksam machen möchten? Wenden Sie dabei die Technik des Clusterns oder Mind

Mappings an, die Sie im Kapitel über das Schreiben kennen gelernt haben.

✔ Beim nächsten Schritt geht es darum, Ihre Argumente in eine Struktur zu bringen. Der Aufbau der Aussagen sollte sich nach der Absicht des Vortrags richten. Schon Cicero verlangte von einem guten Redner, »die Gedanken so anzuordnen, dass sie nicht nur übersichtlich sind, sondern dass das Gewicht jeden Arguments genau beachtet wird«.[41] Stellen Sie sich die folgenden Fragen:

• Wie wollen Sie Ihre Argumentation aufbauen?
• Wie wollen Sie den Zusammenhang Ihrer Erkenntnisse entwickeln?
• Worin soll der Leitfaden Ihrer Ausführungen bestehen?

Für die logische Anordnung eignet sich ebenfalls das Cluster, aber noch besser das Mind Map.

✔ Überlegen Sie, in welcher Form Sie den Gedankengang Ihres Vortrags darstellen wollen: ob Sie etwa mit einem konkreten Beispiel oder mit offenen Fragen anfangen wollen. Vielleicht sorgen Sie auch für Spannung, indem Sie ein konkretes Problem an den Anfang stellen, dann verschiedene Lösungswege prüfen und verwerfen, ehe Sie schließlich Ihre eigene Lösung anbieten, die allen Einwänden standhält. Bernstein hält noch viele weitere Anregungen bereit.[42]

✔ Wählen Sie einen lebendigen Einstieg, um Ihr Publikum anzusprechen. Versuchen Sie, Wohlwollen, Interesse und Neugier zu wecken. Ihre Einleitung sollte den Zuhörern den Eindruck vermitteln, dass Sie Ihr Thema und Ihr Material beherrschen und es in ein System gebracht haben. Stellen Sie einen Überblick – einen »Fahrplan« – an den Anfang, und nehmen Sie zwischendurch immer wieder Bezug darauf. Machen Sie Ihrem Publikum deutlich, dass Sie sich seiner Erwartungen und Interessen bewusst sind, und sprechen Sie diese auch konkret an.

✔ Achten Sie darauf, im Mittelteil eine logisch stringente Argumentation zu entwickeln. Bieten Sie Orientierungshilfen an, etwa indem Sie den Weg durch die Argumentation markieren und kommentieren. Sie können dazu zum Beispiel auf das Inhaltsverzeichnis oder auf grafische Darstellungen zurückgreifen. Auf diese Weise können Ihre Adressaten Ihnen leichter folgen.

✔ Am Schluss sollten Sie auf jeden Fall das Wesentliche noch einmal kurz und prägnant zusammenfassen. Darüber hinaus können Sie auch noch einen Ausblick auf etwas Neues einbringen, zum Beispiel auf weitere Forschungsfragen und mögliche Ansätze dazu.

✔ Achten Sie darauf, sich die Zeit geschickt einzuteilen. Planen Sie die Zeiteinteilung im Voraus, und halten Sie sich daran! So können Sie verhindern, dass der Vorsitzende der Kommission Sie mittendrin unterbricht und Sie Ihre Ausführungen nicht mehr zu Ende führen können. Üben Sie die Zeiteinteilung am besten vorher.

Lebendiger Kontakt zum Publikum

Beim mündlichen Vortrag sprechen Sie Ihr Gegenüber unmittelbar an. Bemühen Sie sich, dabei einen lebendigen Kontakt herzustellen. Das wichtigste Mittel dazu ist der Blickkontakt. Nehmen Sie Ihr Publikum als Gesprächspartner wahr, und wenden Sie sich ihm aufmerksam zu. Zeigen Sie, dass Sie an den Erwartungen und Reaktionen Ihrer Zuhörer interessiert sind, und orientieren Sie sich an den Signalen, die Sie empfangen. Machen Sie durch die Art Ihres Vortrags deutlich, dass Sie einen gedanklichen Dialog anstreben, keine Einweg-Kommunikation, bei der Sie zu einem völlig passiven Publikum sprechen. Klammern Sie sich nicht an Ihren Text, sondern bemühen Sie sich, frei zu sprechen. Sie beherrschen Ihren Stoff sicherlich gut genug, um es zu riskieren. Ihr Vortrag gewinnt dadurch ganz entscheidend an Lebendigkeit.

Einsatz von Medien

Medien – zum Beispiel Overhead-Folien, Dias oder Projektionen mit einem Beamer – helfen, Inhalte prägnant darzustellen. Theoretische Zusammenhänge werden leichter nachvollziehbar, und der Aufbau des Vortrags wird transparenter. Insgesamt macht der Einsatz von Medien einen Vortrag anschaulicher und lebendiger. Leider gehört es zu den akademischen Gepflogenheiten, bei Vorträgen hauptsächlich oder ausschließlich auf die mündliche Rede zu setzen. Die Verwendungsmöglichkeiten von Medien werden in der Regel vernachlässigt. Manche Dozenten betrachten es anscheinend sogar als Qualitätsmerkmal, wenn sie ganz ohne anschauliche Darstellung auskommen. Beugen Sie sich derartigen Vorurteilen nicht – denken Sie darüber nach, wie Sie Medien geschickt einbeziehen können. Stellen Sie sich dazu die folgenden Fragen:

Checkliste

✔ Welche theoretischen Zusammenhänge und Aspekte werden durch eine grafische Darstellung klarer?
✔ Welche Inhalte können Sie durch bildliche Wiedergabe besser verständlich machen?
✔ Wie können Sie die Vielzahl von Aspekten gut geordnet und übersichtlich präsentieren?

Konzentrieren Sie sich auf die wesentlichen Inhalte. Verfallen Sie nicht ins andere Extrem, indem Sie Irrelevantes illustrieren. Großzügiger Einsatz von Medien macht allein noch keinen guten Vortrag aus. Als Negativbeispiel gilt der »Folien-Schleuder-Vortrag«, bei dem ein Bild auf das andere folgt.

Medien sollten gezielt eingesetzt werden – und zwar nur da, wo sie auch wirklich dem Verständnis dienen.

Sie sind nicht nur hervorragend dazu geeignet, komplizierte Zusammenhänge in vereinfachter Form vor Augen zu führen, sondern helfen auch, die Aufmerksamkeit der Zuhörer auf das Wesentliche zu lenken. Außerdem zeugt der Einsatz von Medien davon, dass Sie wirklich in der Materie drin sind. Nur wer seine Sache gründlich durchdrungen hat, kann das Potenzial von Medien angemessen nutzen. Sie erleichtern es Ihren Zuhörern dadurch, Ihrer Argumentation zu folgen und darüber hinaus eigenen Gedanken nachzugehen. Zusätzlich entlasten Sie sich selbst etwas, denn während der Medienpräsentation stehen Sie für kurze Zeit nicht im Mittelpunkt der Aufmerksamkeit. So können Sie sich zwischendurch ein wenig entspannen.

Bereiten Sie den Einsatz von Medien unbedingt sorgfältig vor! Overhead-Folien in schlecht lesbarer Handschrift sind keine Bereicherung, sondern ein Ärgernis. Dasselbe gilt für die mit Schrift überladenen Computer-Ausdrucke, die in der Projektion kaum lesbar sind. Sie müssen schon einen gewissen Aufwand treiben.

Das Gleiche gilt für die so genannten Handouts, die auch bei medienfeindlichen Akademikern beliebt sind. Geben Sie Ihrem Merkblatt ein Erscheinungsbild, das dem Wert Ihrer Arbeit gemäß ist. Gestalten Sie die komprimierte Fassung Ihrer Thesen und Ergebnisse übersichtlich und ansprechend. Sie geben Ihrem Publikum damit Ihre Visitenkarte in die Hand!

Denken Sie auch daran, dass Sie Medien dazu verwenden können, auf Aspekte hinzulenken, die Ihnen in der Diskussion willkommen sind. Überlegen Sie sich vorher aber gut, welche Fragen Sie damit provozieren wollen.

Auf Fragen eingehen

Im Anschluss an Ihren Vortrag stellen die Mitglieder der Kommission und das Publikum Ihnen Fragen. Dieser Teil ist der eigentliche Kern der Disputation. Er wird für die Bewertung allerdings weniger stark gewichtet als der Vortrag. Mit einem guten und überzeugenden Vortrag haben Sie den Großteil des Terrains also bereits erobert!

Nehmen Sie die anschließenden Fragen ruhig auf, und bemühen Sie sich, sie präzise zu verstehen. Falls besonders komplexe und umfassende Fragen gestellt werden, sollten Sie sich dabei Notizen machen. Nehmen Sie sich anschließend Zeit, sie eingehend zu beantworten. Sehr hilfreich ist dabei, wenn Sie sich im Kopf eine Kurzgliederung für Ihre Antwort zurechtlegen. Sie können diese auch äußern und anschließend die einzelnen Punkte wie an einem roten Faden entlang »abarbeiten«.

Vermuten Sie nicht gleich hinter jeder kritischen Frage eine böse Absicht. Setzen Sie sich ruhig mit Fragen auseinander. Versuchen Sie auch, bei tatsächlichen Angriffen oder falschen Unterstellungen ruhig zu bleiben und sie auf eine sachliche Ebene zu bringen. Und schließlich:

> Argumentieren Sie immer von Ihrer Position aus. Darum geht es letztendlich in der Disputation!

Lampenfieber und Prüfungsangst

Dass Sie vor Ihrer Disputation aufgeregt sind und Lampenfieber haben, ist völlig normal und gehört sozusagen mit dazu. Schließlich handelt es sich um Ihre Präsentation, bei der Ihre Leistung und Sie selbst bewertet werden. In Bewertungssituationen ist immer auch das Selbstwertgefühl infrage gestellt. Das mag eine Bedrohung sein, aber Sie müssen ihr standhalten!

Eigentlich kann Ihnen doch gar nichts passieren – Sie haben sich schließlich lange genug mit Ihrem Thema beschäftigt und sind bestens mit der Materie vertraut. Vermutlich sind Sie sogar fast allen Ihren Zuhörern darin überlegen. Sie sind also hervorragend gerüstet. Stärken Sie Ihr Selbstvertrauen, indem Sie sich bewusst machen, dass Sie Ihrem Publikum eine Menge zu bieten haben. Wenn Sie gut vorbereitet sind und Ihren Vortrag geübt haben, können Sie wirklich auf sich selbst vertrauen.

Aufregung hat auch etwas Positives: Sie hilft Ihnen, Ihre geistigen und psychischen Kräfte zu mobilisieren, wirkt belebend und bringt Sie auf Hochtouren.

Bemühen Sie sich aktiv darum, die Ruhe zu bewahren. Achten Sie auf Ihre Atmung, und machen Sie ein paar Atemübungen, zum Beispiel indem Sie langsam tief einatmen und noch langsamer ausatmen. Wenn Sie das ein paar Mal wiederholen, werden Sie spüren, wie die Anspannung nachlässt, das Herz allmählich ruhiger schlägt und die Aufregung wieder auf ein normales Maß zurückgeht. Konzentrieren Sie sich dann ganz auf Ihre Sache, und nehmen Sie Kontakt zu Ihrem Publikum auf.

Es ist eben aufregend, Doktor zu werden!

Schluss

Der Weg zum Doktortitel ist lang – auch bei Anwendung der in diesem Buch vorgestellten Strategien. Wenn Sie schließlich das Verfahren der Disputation hinter sich gebracht haben, wird sich bei Ihnen das gute Gefühl einstellen, es geschafft zu haben – auch wenn bei genauer Betrachtung noch einige Schritte bis zur Veröffentlichung Ihres Werks vor Ihnen liegen.

Womit wird die viele Arbeit und Mühe belohnt, die Sie in das Projekt Doktorarbeit hineingesteckt haben? In seltenen Fällen durch ein attraktives Stellenangebot. Vielleicht wird der Doktorgrad Ihre Chancen verbessern, zukünftig eine höher dotierte Stelle zu erlangen – was eine kürzlich veröffentlichte Studie nahelegt.[43] Bei den Kollegen Ihres Fachgebiets werden Sie wahrscheinlich auf eine gewisse Anerkennung Ihrer Leistung stoßen und bei Ihren Freunden echte Freude über Ihren Erfolg auslösen. Darüber hinaus werden sich die Reaktionen Ihrer Umwelt sehr in Grenzen halten.

Das feierliche Zeremoniell zur erlangten Promotion fällt heute in der Regel spärlich aus. Sogar der krönende Doktorhut – von Kollegen und Freunden überreicht – ist aus der Mode gekommen.

Was bleibt Ihnen also übrig? Schlicht und einfach zur Tagesordnung überzugehen und nicht so viel Aufhebens davon zu machen? So habe ich es vor Jahren selbst praktiziert und im Nachhinein bereut – in dem Gefühl, mir damals selbst die rechte Anerkennung versagt zu haben.

Deshalb meine Empfehlung: Richten Sie sich unmittelbar nach Abschluss Ihrer Promotion selbst ein Fest nach Ihren Wünschen aus, und geben Sie Ihrer eigenen Anerkennung den adäquaten Ausdruck. Dabei kommt es nicht auf den großen Rahmen, sondern im

Wesentlichen nur darauf an, dass Sie Ihrer Freude über das erreichte Ziel, Ihrem Stolz auf das vollendete Werk und dem Gefühl der gewachsenen eigenen Kompetenz und Souveränität Raum geben. Auch wenn Sie im Nachhinein noch einiges an Ihrer Arbeit zu bemängeln haben, sollten Sie nicht die Fehler, sondern die Leistung selbst in den Vordergrund rücken. Immerhin haben Sie ein Projekt erfolgreich abgeschlossen, für das die *Scientific Community* recht hohe Standards festgelegt hat, ein Projekt, das zudem für Sie einen sehr hohen persönlichen Stellenwert innehatte und von Ihnen einen enormen Kräfteeinsatz verlangt hat. Das verdient, entsprechend gewürdigt zu werden!

Anmerkungen

1 Bohleber, 1996, S. 9.
2 Keupp u. a., 1999.
3 Vgl. Knigge-Illner, 1999, S. 41; Seiwert, 2001.
4 Vgl. Engel und Preißner, 1998, S. 103.
5 Staehle, 1990, S. 621.
6 Hopfenbeck, 1989, S. 749.
7 Vgl. Kruse, 1995, S. 158.
8 Vgl. Eco, 1993.
9 Vgl. Kruse, 1994.
10 Vgl. Knigge-Illner, 1999, S. 62.
11 Vgl. Stary & Kretschmer, 1994.
12 Vgl. Rückert, 1999.
13 Vgl. Winnicott, 1971.
14 Kruse, 1995, S. 40.
15 Kruse, 1995, S. 42.
16 Hohage, 2000, S. 77.
17 Hirsch, 2000, S. 77.
18 Murray, 1990.
19 Vgl. dazu Griffen, 1985; McLeod, 1988; v. Werder, 1992.
20 Kruse, 1995, S. 13.
21 Von Werder, 1992, S. 170 ff.
22 Kruse, 1995, S. 13.
23 Rico, 1984; v. Werder, 1992; Kruse, 1995.
24 Rico, 1984, S. 35.
25 Kruse, 1995, S. 28.
26 Vgl. Kruse, 1995, S. 26.
27 Buzan, 1984; Kirckhoff 1989.
28 Von Werder, 1992; Kruse, 1995.
29 Von Werder, 1992, S. 40.
30 Kruse, 1995, S. 59.
31 Kruse, 1995, S. 67 ff.

32 Murray, 1990, S. 177.
33 Murray, 1990, S. 181.
34 Vgl. Eco, 1993, S. 140.
35 Eco, 1993, S. 141.
36 Von Werder, 1992, S. 74.
37 Sartre, 1952.
38 Mead, 1934.
39 Vgl. Mummendey, 1995.
40 Vgl. Tesser, 1988; Mummendey, 1995.
41 Bernstein, 1993, S. 51.
42 Bernstein, 1993, S. 55 ff.
43 Enders und Bornmann, 2001.

Literatur

Bernstein, D. (1993), *Die Kunst der Präsentation. Wie Sie einen Vortrag ausarbeiten und überzeugend darbieten*, Frankfurt/New York: Campus.

Bohleber, W. (1996), »Einführung in die psychoanalytische Adoleszenzforschung«; in: Bohleber, W. (Hg.), *Adoleszenz und Identität*, Stuttgart: Verlag Internationale Psychoanalyse, Seite 7–40.

Buzan, T. (1984), *Anleitung zum kreativen Denken*, München: Goldmann.

Buzan, T. & Buzan, B. (1998), *Das Mind-Map-Buch. Die beste Methode zur Steigerung Ihres geistigen Potentials*, Landsberg am Lech: mvg.

Eco, U. (1993), *Wie man eine wissenschaftliche Abschlußarbeit schreibt*, Heidelberg: C. F. Müller UTB.

Enders, J. & Bornmann, L. (2001), *Karriere mit Doktortitel. Ausbildung, Berufsverlauf und Berufserfolg von Promovierten*, Frankfurt/New York: Campus.

Engel, S. & Preißner, A. (Hg.) (1998), *Promotionsratgeber*, München Wien: Oldenbourg.

Flower, L. S. & Hayes, J. R. (1980), »The Dynamics of Composing: Making Plans and Juggling Constraints«; in: L. W. Gregg & E. R. Steinberg (Hg.), *Cognitive Processes in Writing*, Hillsdale (N. J.), Seite 31–50.

Griffen, C. W. (1985), *Programs for Writing Across the Curriculum*, College Composition and Communication 6, New York, Seite 403–442.

Hirsch, M. (2000), »Arbeitsstörung und Prüfungsangst«; in: M. Hirsch (Hg.), *Psychoanalyse und Arbeit*, Göttingen: Vandenhoeck & Ruprecht, Seite 76–99.

Hohage, R. (2000), »Zur Psychoanalyse des Arbeitens und der Arbeitsstörungen«; in: M. Hirsch (Hg.), *Psychoanalyse und Arbeit*, Göttingen: Vandenhoeck & Ruprecht, Seite 100–124.

Hopfenbeck, W. (1989), *Allgemeine Betriebswirtschaftslehre und Managementlehre*, Landsberg am Lech: Verlag Moderne Industrie.

Keupp, H. u. a. (1999), *Identitätskonstruktionen*, Reinbek bei Hamburg: Rowohlt.

Kirckhoff, M. (1992), *Mind Mapping. Einführung in eine kreative Arbeitsmethode*, Gabal: Offenbach.

Knigge-Illner, H. (1998), »Prüfer sind auch nur Menschen: Tips gegen Prüfungsängste«; in: O. Kruse (Hg.), *Handbuch Studieren. Von der Einschreibung bis zum Examen*, Frankfurt/New York: Campus, Seite 321–332.

Knigge-Illner, H. (1999), *Keine Angst vor Prüfungsangst. Strategien für die optimale Prüfungsvorbereitung im Studium*, Frankfurt am Main: Eichborn.

Kruse, O. (1995), *Keine Angst vor dem leeren Blatt*, Frankfurt/New York: Campus.

Kruse, O. (1994), »Schreibwerkstatt für DoktorandInnen«; in: H. Knigge-Illner und O. Kruse (Hg.), *Studieren mit Lust und Methode. Neue Gruppenkonzepte für Beratung und Lehre*, Weinheim: Deutscher Studien Verlag, Seite 276–300.

Kruse, O. (1995), *Keine Angst vor dem leeren Blatt*, Frankfurt/New York: Campus, 4., erweiterte Auflage.

McLeod, S. H. (1988), *Strengthening Programs for Writing Across the Curriculum*, New York.

Mead, G. H. (1934), *Mind, self, and society*, Chicago: University of Chicago Press.

Mummendey, H. D. (1995), *Psychologie der Selbstdarstellung*, Göttingen Bern Toronto Seattle: Hogrefe.

Murray, D. M. (1990), *Write to Learn*, Orlando (Florida): Holt, Rinehart & Winston.

Rico, G. (1984), *Garantiert schreiben lernen*, Reinbek bei Hamburg: Rowohlt.

Rückert, H.-W. (1999), *Schluss mit dem ewigen Aufschieben. Wie Sie umsetzen, was Sie sich vornehmen*, Frankfurt/New York: Campus.

Sartre, J. P. (1952), *Das Sein und das Nichts*, Reinbek bei Hamburg: Rowohlt.

Schräder-Naef, R. (2000), *Rationeller lernen lernen. Ratschläge und Übungen für alle Wissbegierigen*, Weinheim: Beltz, 19., völlig überarbeitete Auflage.

Seiwert, L. J. (2001), *Das 1 × 1 des Zeitmanagements*, München: Moderne Verlagsgesellschaft.

Staehle, W. H. (1990), *Management. Eine verhaltenswissenschaftliche Perspektive*, München: Franz Vahlen.

Stary, J. & Kretschmer, H. (1994), *Umgang mit wissenschaftlicher Literatur. Eine Arbeitshilfe für das sozial- und geisteswissenschaftliche Studium*, Frankfurt am Main: Cornelsen.

Tesser, A. (1988), »Toward a self-evaluation maintenance model of social behavior«; in: L. Berkowitz (Hg.), *Advances in experimental social behavior* (Vol. 21; Seite 181–227), New York: Academic Press.

Von Werder, L. (1992), *Kreatives Schreiben in den Wissenschaften*, Berlin, Milow: Schibri Verlag.

Von Werder, L. (1993), *Lehrbuch des wissenschaftlichen Schreibens*, Berlin, Milow: Schibri Verlag.

Winnicott, D. W. (1971), *Vom Spiel zur Kreativität*, Stuttgart: Klett-Cotta.

Zielke, W. (1988), *Handbuch der Lern-, Denk- und Arbeitstechniken*, München: Moderne Verlagsanstalt.

Register